生态文明视域下休闲体育产业融资模式研究

张树军　著

中国商业出版社

图书在版编目（CIP）数据

生态文明视域下休闲体育产业融资模式研究 / 张树军著. -- 北京 : 中国商业出版社, 2020.12
ISBN 978-7-5208-1456-0

Ⅰ. ①生… Ⅱ. ①张… Ⅲ. ①休闲体育 - 体育产业 - 融资模式 - 研究 - 中国 Ⅳ. ①G812.4

中国版本图书馆CIP数据核字(2020)第248340号

责任编辑：王　静

中国商业出版社出版发行

010-63180647　www.c-cbook.com

（100053　北京广安门内报国寺 1 号）

新华书店经销

定州启航印刷有限公司印刷

*

710 毫米 ×1000 毫米　16 开　10.5 印张　186 千字

2020 年 12 月第 1 版　2020 年 12 月第 1 次印刷

定价：46.00 元

*　*　*　*

（如有印装质量问题可更换）

前　言

近年来，伴随着生态文明建设步伐的加快和新型城市化理念的提出，以闲暇娱乐为主要目标的休闲体育运动形式逐渐走进我们的视野，融入百姓生活，如健步走运动、登山运动、攀岩运动、游泳运动、钓鱼比赛、棋艺比赛等。如何在新时代持续促进休闲体育运动事业的发展，如何创造休闲体育运动事业发展的物质条件成为社会各界广泛关注的重大民生问题。而大力发展休闲体育产业中休闲体育产品的生产和休闲体育企业的初始融资、继起投资等问题，越来越引起人们的重视。本书的编写和出版，旨在系统探究休闲体育产业的融资模式及其相关问题。

首先，关于休闲体育产业融资的模式选择问题，本书列举了包括休闲体育产业官办融资的诚信担保融资模式、有价证券融资模式、委托贷款融资模式和农信融资模式，指出这些以国有银行为依托的融资模式具有明显的融资循环性，是大中型休闲体育企业的主要融资形式。其次，本书又提出了休闲体育产业的物联网融资模式、合会融资模式、“私人钱庄”融资模式、“集资型”融资模式和“企业内部”融资模式五种主要的民间融资模式，指出这几种融资模式都是建立在自主融资、自负盈亏、自主账务、自我管理基础上的非制度化融资模式。最后，本书指出，由于借助互联网的众筹融资模式、网贷融资模式和区块链融资模式有着融资规模有限性、融资质量不可控性、融资频次高度弹性等缺点，必须根据休闲体育企业具体情况灵活运用，切不可盲目进行民间融资。

任何理论都是建立在实证分析和实践研判的基础之上的，基于此，本书采用多元 Logistic 模型和 Tobit 模型，运用倾向性得分匹配法、群组比较法、包络分析法等数理方法研究了生态文化对休闲体育产业融资水平的影响，指出建立在生态可持续发展基础之上的绿色文化、低碳文化、循环经济文化、可持续文化等都会对休闲体育产业融资规模、融资质量、融资频次产生实质性的影响。与此同时，本书首次采用普惠金融指数法实证分析了京津冀地区休闲体育产业的整体融资水平和区域融资水平差异，指出北京市休闲体育产业的融资综合水平最高；采用包络分析法实证分析了长三角地区休闲体育产业的整体融资水平，指出江苏省的融资质量最好；采用三级层次分析法实证分析了珠三角区域21个地级市休闲体育产业融资水平的差异，指出深圳市的休闲体育融资水平最高。

作为实证分析结论的回应，本书提出了发展休闲体育产业融资质量、提高休闲体育产业融资规模的几条措施，包括对政府方面的建议、对企业方面和对体育中介组织方面的要求。在新时代中国市场经济的新常态背景下，研究休闲体育产业的融资问题必将促进城乡休闲体育事业的发展，为政府相关部门的休闲体育决策提供借鉴和参考。本书的相关数据均来自官方和民间中介机构的权威统计，调研数据有效支撑了实证分析的需求和回归结果的稳健性。能够为其他研究者提供可资借鉴的信息和资料是本书出版的初衷和最终目的；对不成熟研究的充实和完善是本书出版的必要诉求和理性预期。

张树军

2020年10月20日于博大花园寓所

目　录

第1章 导论

体育活动本质上是生态美学在人性意义上的有效发挥，正如顾拜旦在《体育颂》中所说："啊，体育，天神的欢娱，生命的动力。"[①]可见体育活动是一种"提高人的生命力的生态活动"，体育行为与大自然的生态和谐紧密相关。在实现中华民族伟大复兴的中国梦的进程中，弘扬新时代生态体育精神，发展体育运动的生态人文属性，研究休闲体育事业的可持续发展，不仅具有理论价值，还具有实践意义，对休闲体育产业投融资模式的研究更是休闲体育事业生态发展的重中之重。

近年来，随着市场经济的纵深拓展和产业结构的优化调整，休闲体育产业已经发展成为一个具有较高增长潜力、拥有各方面风险投资、融资规模逐渐增大、融资质量快速提升的"阳光产业"。特别是在绿色发展理念和生态发展理念的激励下，休闲体育企业更是迎来了大好的发展机遇。本书主要研究生态文明视域下休闲体育产业融资的结构、规模、质量和影响因素。

1.1 基本概念界定

没有科学的概念界定就没有合理的学术分析，正如"万丈高楼平地起"一样，本书所有的研究都是建立在由基本概念和基本定理等"砖瓦"筑成的牢固基石之上的，主要概念包括"生态文明"、"休闲体育"和"产业融资风险"等。

1.1.1 生态文明

文明本来是一个纯粹的社会学概念，是指人类社会的道德发展样态和伦理变迁水平，但是近年来全球生态环境的持续恶化，"文明"概念便从社会学领域逐渐被延展到自然环境领域，成为研究环境变迁水平和自然可持续性变迁的

① ［法］顾拜旦．体育颂[J]. 新体育，1982（8）：5-6.

重要概念，并进而衍生出“物质文明”“生态文明”“环境文明”“自然文明”“考古文明”“货币文明”等二级概念。本书所使用的“生态文明”概念是20世纪中期才出现的，最早由苏联勃加尔文于1984年提出，他指出：“生态文明与人类的生存密切相关，动荡的苏联在能源和工业方面的无序发展已经严重威胁到周围的生态环境，规避正在恶化的自然环境污染和日常生活的艰难困苦必须走生态环境文明化的发展道路。”[①] 中国学者叶谦吉于1987年首次提出了“生态文明建设”这一概念，指出人类一方面要从自然界获取生存的基本资源，另一方面也要对自然充满敬畏，要学会反哺自然，如此才能避开苏联“重化工业化”的环境污染政策，否则中国的改革开放政策可能成为“一场生态噩梦”[②]。1990年，刘思华教授对叶谦吉教授的观点进行了补充，指出一个文明的社会必须是“物质文明、精神文明和生态文明”三位一体的文明格局，仅仅具备了发达的物质文明根本算不上是一个文明社会，充其量只是一个“货币堆积”的“物质垃圾桶”而已。[③]

西方最初没有生态文明这一概念，在绝大多数西方学者看来研究生态补偿比研究生态文明更具实际意义，因为生态是“物”的东西，而“文明”是针对人的，如果非要说自然环境也必须像人一样具有“文明思维”，那么只能在拟人化的小说中才能实现。显然，西方人所理解的“生态文明”概念和中国人所理解的“生态文明”概念大相径庭。比如，1935年英国博物学家坦斯勒提出的“生态递进补偿”理论指出，人类应该从更加宏观的视角认识自然环境，要把对自然资源的索取看成人类回馈自然生态的非必然过程[④]；日本学者梅棹忠夫从生态补偿学的视角研究了生态对人类的贡献，指出亚洲、欧洲和美洲的生态污染千差万别，必须采用差异化的生态补偿模式应对自然灾害的超级破坏力[⑤]；美国学者罗伊·莫里森根据自己的亲身经历告诫世人，自然的“母性”就是人类的“母性”，亲近自然就是亲近未来，一个不注重生态补偿的社会就是卢梭所谓的“普力夺社会”，一个肆意践踏自然生态循环的社会就是携带自然罪恶的“利维坦社会”。他一再强调“文明”是一个中心词汇，不具备实际

① [苏]勃加尔文.生态系统的文明内涵及其发展趋势研究[J].莫斯科社会科学报，1987(3)：21.

② 叶谦吉.生态农业——我国农业的一次绿色革命[J].农业经济问题，1982（11）：3-10.

③ 刘思华.理性生态经济学若干问题研究[M].北京：中国社会科学出版社，1990.

④ SIRARTHUR GEORGE TANSLEY.Characteristic ecological analysis[J].London Reviews,1935(02)：1350.

⑤ [日]梅棹忠夫.知的生産の技術[M].樊秀丽，译.北京：商务印书馆，2016.

的经济成本意义，对于爱好自然和人类协调共生关系的族群来说，积极的做法是“回馈自然”“敬畏自然”并“补偿自然”①。至此以降，西方关于生态文明概念和理论的研究进入实质性的产业变迁领域，进而使原初的生态目标设计偏离了自然环境的本真诉求，进入“发展是最高的国策”领域，从而导致 21 世纪以来各种自然灾害的频繁发生。

基于国内外学者关于“生态文明”概念的认知性差异，本书将“生态文明”定义如下：生态文明是指人与人之间、人与社会之间、人与自然之间相互作用、相互制约、相互影响、相互包含、相互体谅、相互包容的内生伦理关系。从宏观上看，生态文明是一种社会导向的自然关系；从微观上看，生态文明是一种自然伦理导向的社会关系。不论是自然导向的伦理诉求还是社会导向的道德规制，“生态文明”都不是单向度的生态补偿和生态修复，而是更加广泛的人性融合和生理变革，蕴含着人类追求理性关系的美好渴望和对理想关系难以驾驭的积极感叹，是建立在妥协思维、让步意识、糊涂哲学和包容政治基础之上的自然环境哲理。在具体的社会实践中，生态文明的影响范围极其有限；作为学术研究的需要，生态文明战略只能推进到具体的实施逻辑中才具备实际意义。本书研究的休闲体育产业是一个与生态文明建设紧密相关的产业，该产业的融资规模和融资质量直接影响着休闲体育产业发展的基本特点和未来趋势。

1.1.2 休闲体育

从广义上讲，所有的体育活动都具有特定的休闲特征，即使那些竞争性很强的专业体育活动仍然在运动结束后具有某些“修身养性、闲暇娱乐”的特点。有学者将“休闲体育”理解为“社会体育专业”，认为休闲体育实际上是社会体育学说的重要组成部分②，实际上这是对“休闲体育”概念的片面性认识。在新的历史条件下，结合世界各国关于“休闲体育”概念的权威界定，我们认为，狭义上的“休闲体育”是指以身心健康为目的、以强健体魄为核心、以放松心态为旨归、以娱乐休闲为外在表现形态的专业体育活动和非专业运动形式的统称。休闲体育具有文化传播属性、形式自由属性、活动的非功利属性和积极主动属性等特点。理解“休闲体育”概念必须注意以下几个方面的要求。

---

① [美]罗伊·莫里森．走向生态社会[J]．明空，译．中国社会科学报，2010（11）：80.

② https://baike.so.com/doc/5405121-5642892.html.

1.“休闲体育”是以休养生息为主要特征的活动

“休息”和“闲暇”是这个概念的重要内涵，这里所说的休息不是普通人所说的“睡觉”或者“打盹儿”，而是借助一定运动手段之后才能达到的放松效果，所以并非所有的运动形式都属于“休闲体育”的范畴。

2.“休闲体育”是以强身健体为主要特征的运动形式

那些不以强身健体为主要目标的活动都不是休闲体育活动，如充满竞争性的篮球运动和橄榄球运动就不是“休闲体育”活动。这里所说的“强身健体”指的是各种运动形式的最终目的，而不是“辅助性目标”，如不以强身健体为最终目标的强制性体育运动，军事性体育运动，文化宣传新体育运动，个人、群体或者某些非正规组织开展的非法地下拳击运动，各种博彩运动，各种斗鸡、遛狗、斗牛运动等都不是纯粹意义上的“休闲体育”活动。

3.“休闲体育”运动是以心态调整为重要表征的活动

那些虽然具有休养特征和生理锻炼特征，但没有起到心灵升华的体育运动不属于“休闲体育”活动。比如，有些体育运动虽然起到了锻炼身体的作用，但是最终并不能起到“心态调整”的作用，那么这类活动就不属于“休闲体育”活动。

4.娱乐性是“休闲体育”活动的可选择性特征而不是唯一特征

有些休闲体育活动具有娱乐性，而有些休闲体育活动不具备娱乐性，如围棋活动就是一种不具备普遍意义上娱乐特点的体育运动形式，但是围棋运动应该属于狭义上的“休闲体育”活动。除此之外，中国的象棋运动、日本的五子棋运动、兵棋推演运动、智能体育玩具比赛、各种马拉松比赛、汽车拉力赛和自行车比赛等都是“休闲体育”运动。

5.“休闲体育”运动既包括正式的制度化比赛，又包括各种民间非专业的体育运动形式

“休闲体育”概念并不是一个静止化的概念，而是随着运动形态的变化而不断推陈出新的概念，如美国各种体育学会就把融入了电子计算机技术的游戏竞技运动定义为具有“休闲体育”内涵的运动形态，指出尽管各种电脑游戏占用了绝大多数孩子的学习时间，但是微观世界的竞技水平和现实世界的电脑操作水平是密不可分的两种专业技能，按照一般的逻辑，电脑水平较高的黑客（HACKER）必然是计算机考试的佼佼者，而酷爱计算机技术的学生往往具有更为健全的“科技人格”，所以从第四次科技革命的技术演化路径来看，电脑游戏竞技应该属于“休闲体育”运动的范畴。

本书所说的“休闲体育产业”既包括与休闲体育活动密切相关的休闲体育

体育用品业、休闲体育赞助业、休闲体育竞赛表演业、休闲体育旅游业、休闲体育健身娱乐业、休闲体育明星经济、休闲体育传媒业、休闲体育无形资产等主导性产业，也包括竞技体育中的门票收入、广告权收入、转播权收入、冠名权收入、特许经营权收入以及与之相关的休闲体育金融业和休闲体育零售业（器械、饮料、服装）等[①]。

1.1.3 产业融资风险

“产业融资风险”是指投入某一产业中的资金及由资金运转而产生的机会风险和制度化风险的统称。所谓“机会风险”，是指将资金投入某一产业，进而没法投入其他行业而产生的风险；所谓“制度化风险”，是指将资金投入某一产业，进而必然酝酿产生的制度变化和机制弹性风险，如由金融政策时滞引发的制度化风险、由社会动荡引发的资金损失风险、由自然灾害等不可抗力引发的资金损失风险、由机制空间差异性引发的资金风险等。一般来讲，“产业融资风险”往往表现为货币政策性风险、外汇平价风险、保险及再保险性风险、就业融资风险、人才损失性风险、人员变动性风险、产业融资质量风险等多种形式。值得注意的是，“产业融资风险”、“天使投资风险”和“私人投资风险”是三个既相互区别又相互联系的概念（表1.1）。

表1.1 “产业融资风险”、“天使投资风险”和“私人投资风险”的关系

	产业融资风险	天使投资风险	私人投资风险
资金来源	不同类型募集资金	天使投资者自有资金（含机构）	私人资金
风险类别	基于权益分配机制的资本盈利性风险，属于可控风险的类别		
投资周期性	2—8年不等		
伙伴关系选择	有一定经济实力或者发展潜力的企业、公司、团队、项目合作者、众创企业、个人		
融资阶段	高速成长期	萌芽种子期	初创时期
投融资目标	超出产业平均利润的利润	产业平均利润	低于或者等于平均利润的利润
投融资规模	万元—千万元	几千万元—亿元	几十元—百万元
投融资方式	介于直接融资和间接融资之间	直接融资	直接融资

① 吕元镇．体育社会学[M]．北京：高等教育出版社，2001.

续 表

	产业融资风险	天使投资风险	私人投资风险
投融资评估	手续繁杂，审核严格	审核松散，手续较少	自由审核，手续极其简单
预期风险和收益	重视收益风险，企业压力较大	强调代理风险，风险规避机制灵活	可以灵活选择风险分摊机制
退出机制	IPO	并购、股权转让，IPO	自由退出
投资环节比较	融资—投资—投资后管理—退出	投资—管理—退出	融资—直接退出

注：IPO是股市买卖的专属名词，意指首次公开募股(Initial Public Offering)的意思。在证券投资学意义上IPO是指企业第一次将它的股份向公众出售的现象和过程。一般来说，上市公司的股份是根据相应证监会出具的招股书或登记声明中约定的条款通过经纪商或做市商进行销售的。IPO是休闲体育企业募集社会资金的最优选择，一则募集的资金数额巨大；二则股票属于不可赎回式证券，首次募集成本最低、风险最小、压力不大。正如其学者所指出的，股票上市就是以国家准强制力为基准推动的资金累积过程（刘曼红．创业投资圣经——天使投资理论与实践[M].北京：经济管理出版社，2009）。

本表在制作过程中参考了高宇驰的研究（高宇驰．休闲体育产业的融资问题研究——以贵州喀斯特地形的山地运动为例[D].贵州：贵州财经大学，2014）。

天使投资人数众多，各种在20世纪90年代通过企业改制意外获得的闲置资金都会选择“天使投资”的方式赚取产业平均利润，如通过休闲体育企业“双轨制”改革获得的初创资金往往比较庞大，而且易于控制和管理。绝大多数“家族企业家”会将自己的财产平均分成三部分：第一部分用于购买股票、基金、期货、债权（企业债券和公募国债）；第二部分存入银行，以备不时之需；第三部分进行实体企业经营，随时观察国家大政方针和政策的弹性变动进而获得超额政策红利。在“二八”定律的支配下，富裕阶层对天使投资的青睐与贫困阶层对生存环境的忧虑共同构成了多样的中国式市场经济新模式，一方面是财富的纺锤型累积，另一方面是相对贫困阶层的渐进性“被剥夺”，由此循环往复，最终使天使基金逐渐膨胀并造就了中国休闲体育产业的兴盛。天使投资的额度并非最大，但是总体募集数量往往惊人。比如，2010年经由天使投资募集到的休闲体育产业发展资金竟然达到了2 589.18亿元。可见，以分散家庭企业风险和强化“滚雪球效应”为主要标的的社会闲置资金往往具有“以最小成本获得最大收益”的先天优势，已经成为休闲体育产业融资发展的重要选择。

1.2 研究意义

伴随着休闲体育产业化和市场化步伐的加快，中国休闲体育品牌的国内竞争力和国际核心竞争力正在逐步加强。与此同时，各种休闲体育品牌频繁亮相巴黎世界博览年会和纽约世界博览会，如李宁运动鞋品牌、361° 休闲运动服装品牌等。在中国实现中华民族伟大复兴的关键时期，认真研究休闲体育产业发展的外部制约因素和内部限制条件，总结中国休闲体育产业资金募集的经验和教训，大力促进休闲体育企业融资规模和融资质量的提升，对中国体育产业现代化和休闲运动国际化的发展意义重大。

1.2.1 对产业结构调整的意义

产业结构，是指一个国家或者经济体各行各业之间在资金总量、资产规模、资本收益、折旧比例、平均利润代差、内外部产权分割和流资配置等方面形成的综合性结构体系。一般来说，各类产业之间只有保持适当的比例才能最大限度地促进国民经济的发展，如果产业之间显失均衡或者明显偏斜，则会阻碍整个经济体的发展和个体收益的提高。研究休闲体育产业融资水平和融资频次对旅游业、交通运输业、服务业和金融业的发展意义重大。

1. 有利于旅游业的发展

一般来说，一个刚刚进入市场经济体制改革阶段的国家或地区，其旅游业的发展往往非常有限，一则是由于公民经济条件的限制，二则是由于人们生活方式的限制。在绝大多数人还在为生计而奔波的境遇里、在人们的思想观念还停留在计划经济时代的环境里，试图通过政策激励促进旅游业的发展是极为艰难的。通常，当某一个国家或者地区经济取得了快速发展之后，人们的思想观念也会随之变化。比如，走出国门、走向外部世界的愿望，走出山沟、走向平原的愿望，走出平原、走向山野的愿望，等等。在中国成为世界第二大经济体的时代、在改革开放的新时期，研究休闲体育产业融资机制问题、融资风险问题、融资路径问题、融资质量问题，对推进旅游业的发展意义不可小觑。特别是在政策广泛支持的境遇里，发展休闲体育产业对居民自助旅游和休闲旅游意愿的实现意义重大。国家“十二五”规划、“十三五”规划和“十四五”规划均强调，“要积极发展休闲旅游业，全面发展国内休闲旅游，积极发展入境休闲旅游，有序发展出境休闲旅游；各级地方政府要坚持旅游资源保护和旅游事业开发并重的休闲策略，加强旅游基础设施建设，要重点推进生态旅游区、生态旅游线路的建设”。由此可见，在依靠旅游业发展带动整体产业布局的环境下，研究休闲体育产业融资对促进旅游业的发展将起到巨大的推动作用，这也是发达国家最为成功的体育事业发展经验。

2. 有利于金融业的发展

在国家大力提倡去产能的政策背景下，研究体育金融对整体金融结构的变迁和金融业的改革意义重大，尤其是在移动支付成为时尚的背景下，大力促进休闲体育产业融资不仅可以促进体育产业的发展，还可以促进电子化金融体制的改革，包括会计电算化机制改革、电子大数据金融改革、科技金融现代化改革、金融科技衍生品改革、金融部门人力资源改革等。金融是国民经济的主动脉，如果缺失了良性金融理念的支撑，整个金融业供给侧就将出现万马齐暗的凄凉局面；得到了良善金融理念的支撑，整个互联网金融业将获得更大的发展机会。研究休闲体育金融对整体金融业的繁荣意义重大。

3. 有利于服务业的深化

休闲运动与服务业的关联最为紧密，一是因为许多体育关联产业属于服务业范畴；二是由于体育金融必然衍生为“服务金融”。也就是说在依靠股票交易和银行分利无法满足“超额收益”的背景下，最佳的投资策略是提高产业服务水平。

1.2.2 对休闲运动的意义

开展休闲体育产业融资问题的研究不仅有利于体育社会学学科体系和课程体系改革的加快，还有利于提升全民参与休闲消费的意识和能力，有利于改善“亚健康”状态，有利于提高中等收入阶层的生命质量，其社会意义明显。

1. 有利于休闲消费产值的增长

在我国社会已经初步达到小康目标的时代背景下，大力发展休闲体育产业不仅有利于休闲消费意识的改变，还会提高休闲消费的产值。特别是在 2016 年《关于全面扩大旅游文化体育健康养老教育培训等领域消费的意见》的激励下，中国休闲体育运动消费更是获得了长足的发展。2017 年 3 月国家体育总局在北京召开了促进休闲体育消费的专题座谈会，指出只有推动体育消费转型升级才能促进体育产业总体水平的提高。可以说，大力提升与休闲体育相关的消费支出额度对休闲消费产值的增长意义重大。

2. 有利于改善“亚健康”状态

根据张熙坤（2019—2020）的研究，国民素质的提高与闲暇时间的增多呈现正相关关系，也就是说在一个“工作就是旅游”的环境下，人们身体素质的提高速度要远远大于“生存性工作”所带来的居民健康状态的变化。近年来，国家通过立法制定了众多的假期，包括探亲假、病假、法定假期、带薪休假、特殊假期、女性产假等，与此同时，“朝九晚五”的工作模式带来了每年 104 天的闲余时间。在国家大力提倡休闲娱乐的政策支持下，人们的健康状态越来越好。但是，我们也要清醒地看到，改革开放以来中国人口的平均体重增加了 20 公斤，“三高”人群发病率正在向年轻人倾斜，出生残障率始终保持世界第一，人均医药支出保持世界第一，各种义务教育外支出已经占到全部家庭收入的 21.88%，在家庭负担和社会就业压力下，中国人口的身体素质正在呈现下滑的态势。尽管国家通过休闲体育政策制定了身体素质锻炼的相关要求，但是住房压力、生育压力、教育压力、工作压力、亲缘关系压力、舆论压力已经对年轻人身体素质构成了巨大的威胁。所谓“亚健康”状态，是指在社会最底层、社会中间层、社会最高层广泛存在的“似病非病”的生存状态。就血压、血脂、血糖和脉搏跳动、心律不齐、窦性心律、关节疾病、内分泌疾病、呼吸系统疾病、消化系统疾病、神经系统疾病和心血管疾病的诊断和治疗标准来说，中国和西方国家是存在很大区别的，基于此，本书将“身体主要部件尚能工作但是已经出现了疾患的生命状态”称为“亚健康”状态。“亚健康”原理告诉我们，在中国人口基数极为庞大的时代背景下，大力推动休闲体育文化的发展、有效促进休闲体育产业融资规模的增加、提升休闲体育产品的销售额度、营造全民休闲的生态氛围，对于中国人民“亚健康”状态的改善意义重大。

3. 有利于提高中间阶层的生命质量

“生命质量”，是指对人类生存的精神慰藉程度、感性直觉程度和身体病态程度的统称。根据国际社会对生命质量的评价标准，个体生命质量系数计算公式如下：

$$Lifequality_{ij} = x_{io} + \alpha\sum_{j=1}^{y} spirit_{ij} + \beta\sum_{j=1}^{y} sensitivity_{ij} + \gamma\sum_{j=1}^{y} creature_{ij} + \varphi_{ij}$$

其中，*spirit*、*sensitivity*、*creature*分别表示人的精神性外在形态。精神慰藉程度包括精神风貌、精神状态、精气神合体程度、精力旺盛程度等；感性直觉程度包括在特定时间内某一个独特个体对外在幸福感的直觉力度、外在和谐感的直觉水平、外在功利性的讨厌程度、金钱拜物教的厌烦程度、人际关系的摈弃程度、亲缘关系的疏远程度、业缘关系的重视程度等；身体病态程度包括对待疾病的主观随意性指标、对待年龄增大的恐惧感指标、对待器质性病变的科学处理水平、对待疾病破坏性的“臆想”程度、对待西医的科学态度、对待中药的信任程度等。当然，上述方程并不能全面刻画生命质量的全部内容，但是至少给我们研究生命质量系数提供了可借鉴的经验和依据。根据牛津大学和伦敦政治经济学院的研究，2018 年，中国、美国、韩国、日本、俄罗斯、巴基斯坦、哈萨克斯坦、英国、法国和德国的生命质量系数分别为 0.112 4、0.826 7、0.442 1、0.982 6、0.329 0、0.101 8、0.119 3、0.772 6、0.687 9 和 0.998 1。显然，对于已经成为世界经济大国和海洋大国的中国来说，生命质量还存在较大的上升空间。如果我们及时抓住改革开放的大好时机，积极融入世界经济的潮流，那么弥补已经长久缺失的生命力评价机制对中等收入阶层生命质量的提升将更具现实意义。如果我们仍然不注意休闲体育产业的发展，不在休闲体育融资方面加大投资和政策支持力度，那么整体生命力指数将有出现大幅下降的可能。

第2章　理论基础

研究休闲体育产业的融资模式必须紧密联系生态体育理论、生态环境指数理论、生态补偿理论、体育社会化理论、体育精神学说、产业融资理论和空间集聚理论的基本内容和发展特点，可以说体育—文化—生态—融资—产业—精神—空间相互影响、相互制约、相互作用，共同构成了本书立论的价值前提和理论基础。

2.1　生态体育理论

生态体育理论（Ecology Sports）是20世纪中期以来，伴随着全球生态危机的加剧而产生的一种体育自然法理论，该理论强调要按照自然生态链有机协作的基本原理处理体育活动、体育赛事、体育理念、体育规划、体育竞技、体育决策、体育产业、体育文化变迁和生态环境的共生关系，既不能过分注重体育的竞技结果和竞技过程，又不能过分注重体育活动对外在环境的影响和损害，要以和谐共生的精神处理体育和自然的关系。总体看来，生态体育理论包含以下几个方面的内容。

1.生态体育理论注重体育行为的外部不经济性，但没有否定体育活动的生态负效应

从行为经济学的角度看，生活在世俗社会中的人们不可能完全超越功利行为而特立独行。作为存在于人类生产和生活中的“精英活动”，体育行为的经济本质是客观存在的。作为一种亚经济行为，体育活动的外部不经济性是指体育行为对关联要素产生的消极影响和不利作用。具体来讲，体育活动的生态负效应主要体现在以下几个方面。

（1）体育行为必然产生地下水质污染，进而影响自然环境的优化

自然是人类的母亲，自然界的任何变化都直接或者间接影响人类的经济行为和生活水平。比如，火山喷发对地下水的污染会导致成千上万的人背井离

乡、远遁他处；地震引发的地下岩石结构变化会导致地下水质中的碳元素超标，产生对人体有害的矿物质。尽管绝大多数体育行为不会像火山喷发和地震一样引发显著的、大规模的自然环境污染，但是休闲体育产品生产厂家的物质损耗行为必然会引发不可估量的环境破坏。比如，运动鞋胶底的生产就是典型的化工类生产，其所产生的化学有害物质会通过地表水的渗透引起附近地下水质的污染，进而损害当地居民的身体健康。除此之外，休闲体育产品面料的生产、休闲设备所用钢铁的生产、休闲设备的安装和运输、休闲产品的仓储和保管、休闲体育产品的分销和批发、休闲体育企业的化工设备等都会产生增量的化学污染，引起环境结构的变化，进而危害人类健康。

（2）体育行为必然产生空气污染，进而影响空气质量

对于地球上生存的所有动物来说，可以没有充足的蛋白质、脂肪和维生素供给，但是绝对不能没有充足的水资源供给和新鲜空气供给。因为没有纯净的水，人类的生理机能将逐渐退化；没有阳光和空气，人类的自然结构将逐渐消解。有学者曾经指出，人类生存的终极价值不是政治权力、不是法律权利、不是道德约束、不是灵魂修养、不是宗教信仰、不是伦理说教、不是价值交换、不是功利主义、不是忠孝礼仪，更不是所谓的心灵解脱，而是动物式的存在。从古今中外哲学家的理论中，我们发现建立在动物本能基础之上的体育活动不仅强壮了人类的体魄，还大大推动了休闲观念的发展，其生态正能量极为显著。然而，现实中所有的体育休闲行为同其他任何人类行为一样都会产生负面的生态损害，如休闲长跑对空气中氧气和二氧化碳的过度摄取、跳高行为对场地的结构性损害、帆船活动对海洋水质的污染、动力滑翔伞对空气的一氧化碳和二氧化硫污染等，这些都会影响空气的清新度和活力度。特别是当我们遨游太空，俯瞰美丽的地球的时候，我们经常发现巨大的“臭氧层空洞”正逐渐扩大。这些现象的出现都与休闲体育产业对大气的污染密不可分。

（3）体育行为必然产生地表污染，进而影响自然生态的修复

虽然所有国家的体育行为法中都明确规定了休闲体育行为的内在逻辑和作用效度，但是当公民进行体育休闲活动的时候，很少注意到自己的体育产品消费行为正在消解着地球的生命、正在缩短着人类的寿命、正在污染着周围的环境。比如，从事体育休闲产品生产的企业所使用的打印纸张全部来自自然森林；体育休闲企业生产厂房的建设正在消耗大量的汽油、石油、天然气和土地资源，而这些都是属于不可再生的自然资源。正如后现代主义艺术家琳达·哈琴所说：“石油是地球的血液，人类对石油的争夺本质上是对人类自我的争夺，因为大多数国家和该国家的大多数人对石油资源的索取是极为贪婪和无知的，

岂不知石油资源的有限性最终会导致人类生活的终极属性。”① 联系当今世界的石油战争和石油争夺，我们发现减少高污染休闲体育产业产值、降低高污染物排放企业的废渣排放对环境问题的解决意义重大。

（4）体育行为必然产生太空污染，进而影响宇宙生态环境的均衡演化

近年来，高速发展的太空作战技术和武器技术已经大大改变了人类的战争样态和生存命运。世界各国学者都试图探索卫星战争和宇宙战争的可行性和现实性问题，众多的诺贝尔奖金获得者和优秀的自然科学家被分配到太空争夺的“主战场”工作，这些“科技人才”已经开启了人类未来的“生存愿景”。正如美国学者哈斯贝尔所指出的：“当科学被用来战争的时候，人类已经进入毁灭倒计时的巅峰时刻。此时所有的科学创新、技术发明、智能创造、机械设备、基建狂魔、道德修为、民主平等和自在无为都衍生为‘超级掘墓人’哲学。”② 而对于蓬勃发展的休闲体育产业来说，绝大多数的企业老板可能没有意识到他们所从事的职业、所开发的产品、所生产的休闲服装、所销售的休闲品牌、所赚取的企业利润正是人类自然寿命的“打折器”，也就是说，高污染体育休闲行业越发达，所产生的太空污染越多，空气平流层的垃圾越多，对宇宙生态环境的破坏程度也就越深。

2. 生态体育理论注重体育行为的融资负效应，但没有否定体育活动的投融资价值

从休闲体育产业投融资的角度看，大多数体育产业会对环境产生生态负效应，对于当下国家间的博弈体制来说，似乎还没有找到解决环境污染问题的初始“钥匙”。休闲体育产业既要养活多产业工人，又要不断满足几近苛刻的用户需求，因此必须不断推陈出新、与时俱进，搞好休闲体育产业的生产、经营和销售工作。总体看来，生态体育理论就是在对环境问题的深切关注的时代背景下产生的推动休闲体育产业融资规模增加的重要理论。

（1）生态体育理论的国内融资学价值

亚当·斯密说过，世界上没有不断封闭的国家，只有不断开放的市场。对于正在融入全球化浪潮的中国来说，必须将国内市场和国际市场有机结合起来，不断开创市场经济一体化的新时代。而在全球化浪潮中不断拓展的生态体育理论正是在内外部市场均衡理论基础上衍生出来的生态经济学说，该理论强调国内融资的生态价值即国内资本市场和国际资本市场博弈的均衡性、国内

① ［加］琳达·哈琴．后现代主义艺术的政见［M］．加拿大：加拿大安大略出版集团，2011.

② [American]HASIER ROBIN.Science development in the next century[J].Chicago Review, 2020(3): 112-118.

商品批零市场和国际商品批零市场的集成机制、资本市场和实体市场的辩证统一、民生市场和国家安全的辩证统一、融资质量和融资数量的和谐一致、融资主体和融资客体的相互协商、民间诚信融资和国家诚信融资的均衡发展、融资偿贷主体和融资边缘主体的相互连带、融资多元化与融资一体化的和谐共生、融资货币样态和融资票据样态的不可分割等。内源性融资是休闲体育产业健康发展的根本和依靠，对于像中国这样的国家来说，不能将休闲体育产业的发展同生态环境的保护割裂开来，不能搞竭泽而渔式的产业结构调整，不能过度依赖政策的协调力和法治的强制力来规范休闲体育产业的发展秩序，必须走生态复兴之路。

（2）生态体育理论的跨际融资学价值

所谓“跨际融资”，是指对休闲体育产业在国际市场上募集资金的过程和结果的统称。一般来讲，中国休闲体育产业大多通过以下几种途径到国际市场筹集企业发展的初始资金：纳斯达克上市募集、中国香港H股上市融资、纽约证券交易所上市融资、伦敦证券交易市场融资、日本东京证券交易所上市融资和菲律宾马尼拉证券交易所上市融资等。除此之外，跨国借贷也是休闲体育产业跨际融资的重要衍生样态。近年来，伴随着电商平台的发展，借助跨境连连购平台、京东购物平台、腾讯金融、阿里巴巴金融和天猫金融平台产生的跨境间接融资模式正在兴旺发达起来。而生态体育理论正是在跨际融资模式方兴未艾之时产生的生态伦理学说，该学说强调国内融资额度和国际融资额度的正态博弈，提倡融资权利和融资义务的生态对等，讲究融资使用方向和融资风险管理的最佳配置，是研究休闲体育产业投融资模式的重要理论基础。

2.2 生态指数理论

环境问题已经成为制约全球经济发展的重大生态问题。面对日益严峻的环境危机，众多生态学家和社会人士一再呼吁，如果人类不能学会与自然和平相处，那么最终的结果将是“自我灭亡”。在生态环境保护运动中产生的环境指数理论以降低生态污染为基本价值目标，以人与自然和谐共生为基本方法论诉求，旨在减少全球碳污染物的排放和环境破坏的进一步加剧，起到了理论指导的“先锋作用”。与此同时，建立在环境指数理论基础之上的休闲体育产业融资模式出现了向环境保护领域倾斜的取向。基于此，本书将环境保护指数理论作为课题研究的理论支撑，指出与环境保护密切相关的绿色发展指数理论、各地相继出台的环境污染指数理论、环保指数理论和低碳指数理论是指导休闲体育产业健康发展的根本性理论。“生态指数”，是指评价生态环境被污染程度和被破坏程度的定量化指标。生态指数可以分为正向指数和负向指数两种类型，前者强调指数增大的积极作用，后者则强调指数增大的消极作用。一般来说，正向指数越大，说明生态环境保护和生态资源开发的负面效应越小，反之则越大；负向指数越大，说明生态环境保护和生态资源开发的负面效应越大，反之则越小。对于休闲体育产业投融资模式的变迁来说，有着重要指导作用的理论主要有绿色发展指数理论、环境污染指数理论、环保指数理论、低碳指数理论和可持续发展指数理论。这几大理论都具有生态指数理论的基本要素。

2.2.1　绿色发展指数理论

“绿色发展指数”，是指一个国家或地区经济发展对自然环境的破坏程度。根据“了之韵调研平台”统计的评价指标体系，截至 2010 年年底，中国绿色发展指数以北京为最高，其后依次是上海、天津、广东、浙江、江苏、福建、山东、海南、吉林。如果我们绘制出“绿色发展指数”前 10 名的空间分布图，就会发现这十个省级行政单位大多位于我国东部地区。显然，2010 年的绿色发展指数评价指标带有很强的主观性和片面性，基于此种认识，国家统计局又于 2016 年对“绿色发展指数”进行了重新评价，共拟定了由六个一级指标构成的评价体系，包括资源利用指数、环境治理指数、环境再生指数、生态保护指数、增长质量指数和绿色生活指数。每个一级指标体系下分为四个二级指标，每个二级指标下面又分为六个三级指标，这样总共构建了 144 个评价指标。根据 2016 年中共中央办公厅、国务院办公厅印发的《生态文明建设评价考核办法》的基本要求，我国从 2016 年开始对各省级行政单位进行年度生态绩效评价和 5 年期生态绩效总体评价，对生态绩效较好的省区进行物质性刺激，对生态绩效较低的省区进行调整整顿，对连续三年排名靠后的省区实行行政通报。此后，我国各地先后开展了如火如荼的生态环境治理工作，例如，2019 年关停 20 多万家高污染企业，开展农村生态环境治理专项整治活动、涉及生态环境的打黑除恶行动和生态幸福感指数调查活动等。其中，生态幸福感指数调查结果显示全国生态文明满意度最高的五个省区分别是西藏自治区、贵州省、海南省、福建省和重庆市。这一评价把森林郁闭度作为主要的评价指标，而忽视了经济和社会发展其他因素的作用。从各项指数的排名情况来看，各省市的排名基本符合预期（表 2.1）。表 2.1 说明，就资源利用指数来说，福建省排在第一位；就环境治理指数来说，北京市排在第一位；就环境再生指数来说，海南省排在第一位；就生态保护指数来说，重庆市排在第一位；就增长质量指数来说，北京市排在第一位；就绿色生活指数来说，北京市排在第一位。从所有指数的加权综合排名看，北京市排在第一位，其后依次是福建省、浙江省、上海市、重庆市和湖北省。

表 2.1　绿色发展指数综合排名及各一级指标排名

一级指标	1	2	3	4	5	平均得分	综合排名
资源利用指数	福建	江苏	吉林	湖北	浙江	81.79	1. 北京
环境治理指数	北京	河北	上海	浙江	山东	74.52	2. 福建
环境再生指数	海南	西藏	福建	广西	云南	77.81	3. 浙江
生态保护指数	重庆	云南	四川	西藏	福建	90.17	4. 上海
增长质量指数	北京	上海	浙江	江苏	天津	88.42	5. 重庆
绿色生活指数	北京	上海	江苏	山西	浙江	62.09	6. 湖北

数据来源：中国质量报网络数据，http://www.zgxxb.com.cn/xwzx/201712290008.shtml。

2.2.2　环境污染指数理论（Environmental Pollution Index Theory）

客观来讲，对于环境治理理论的变迁而言，控制环境污染才是问题的核心，不论指数统计多么精确、数值计量多么科学，只要不触及深层次的环境污染问题，所有的理论演绎都将失去意义。由于本书研究的休闲体育产业中绝大多数企业属于中度污染以上的企业，所以对这些企业环境污染指数的计量就显得意义重大。环境污染指数（EPI）是由空气污染指数（API）、水污染指数（WPI）、土壤污染指数（LPI）、宇宙污染指数（SPI）和食品转基因指数（FPI）等综合加权后得到的环境污染状况测度指数。其计算公式如下：

$$EPI_i = \frac{1}{n}\cdot\left[\beta_1\sum_{i=1}^{n}API_i + \beta_2\sum_{i=1}^{n}WPI_i + \beta_3\sum_{i=1}^{n}LPI_i + \beta_4\sum_{i=1}^{n}SPI_i + \beta_5\sum_{i=1}^{n}FPI_i\right]$$

其中，n表示参与环境污染指数测量的单位企业或不同地区。该指数越高，说明环境污染程度越重；该指数越低，说明环境污染程度越轻。也就是说，降低休闲体育企业生态环境破坏性的重要任务之一就是“降指”。只有把环境污染指数降到合理基线以内，休闲体育产业的发展才是安全的，否则一味追求企业盈利必然导致“道路越走越窄”。在所有环境污染指数评价指标中，空气污染指数是社会各界最为关心的环境质量评价标准，因为空气质量较差必然产生不可预知的生态灾难。根据国际空气质量协会制定的生态计量标准，空气污染指数的具体记分方式如表 2.2 所示。

表 2.2 空气污染指数分级浓度限值（国际标准）

污染指数	污染物浓度 /（mg · m^{-3}）							
API	SO_2（日均值）	NO_2（日均值）	PM10（日均值）	TSP（日均值）	SO_2（小时均值）	NO_2（小时均值）	CO（小时均值）	0_3（小时均值）
50	0.050	0.050	0.050	0.120	0.25	0.12	5	0.120
100	0.150	0.100	0.150	0.300	0.50	0.24	10	0.200
200	0.800	0.150	0.250	0.500	1.60	1.13	60	0.400
300	1.699	0.565	0.420	0.625	2.40	2.26	90	0.800
400	2.100	0.750	0.500	0.875	3.20	3.00	120	1.000
500	2.620	0.940	0.600	1.000	4.00	3.75	150	1.200

数据来源：https://wenku.baidu.com/view/a0996ec34028915f804dc2a0.html.

表 2.2 从日均值角度测度了二氧化硫、二氧化氮、大分子颗粒 PM10 和 TSP 的浓度；从小时均值维度测度了二氧化硫、二氧化氮、一氧化碳和氧气的平均浓度。其参考标准具有普遍性，成为我国政府评价休闲体育企业生态环境指数的重要依据。其计算公式参照了美国、韩国、澳大利亚和欧盟的插值计算法，基本的计算公式如下[①]：

$$IAPI_R = \frac{IAPI^{high} - IAPI^{lower}}{BR^{high} - BR^{lower}}(C_R - BR^{lower}) + IAPI^{lower}$$

其中，$IAPI_R$表示某一单项污染物对空气质量造成的污染水平，$IAPI^{high}$为与C_R对应的高位临界值的空气质量变迁指数，API^{lower}为与C_R对应的低位临界值的空气质量变迁指数；BR^{high}为高位临界值，BR^{lower}为低位临界值，C_R为空气污染物浓度值。插值法和浓度区间对照法（表 2.2）、健康风险计算法并称当

① 潘本锋，李莉娜 . 环境空气质量指数计算方法与分级方案比较 [J]. 中国环境监测，2016（1）：14-19.

今世界三大空气污染指数计算方法。

2.2.3 环境质量指数理论（Environmental Quantity Index Theory）

“环境质量指数”（EQI）不同于“绿色发展指数”和“环境污染指数”，它强调环境变迁的内在质量水平。而“绿色发展指数”强调环境的绿色发展水平，重点在于绿色发展上；“环境污染指数”强调自然环境被污染的程度，重点强调自然生态的破坏程度。三者既相互联系又相互区别。有些时候，它们可以作为衡量人与自然关系的基本评价指标，但是在很多时候它们之间是有明显区别的。比如，“环境质量指数”和“绿色发展指数”是正向评价指数，而“环境污染指数”是负向评价指数。

“环境质量指数”是描述和评价环境变迁质量的标准和指标的综合体，一般由环境质量参数（单一参数和复合参数）和环境质量标准两部分组成。我国最早提出区域性环境污染物释放指数概念并于 1976 年最早提出了“水污染综合指数”概念；美国于 1976 年提出了大气污染标准指数（PSI）并将其应用于全球环境质量水平的综合评价机制之中。由于自然环境是由多种多样的生命要素和非生命因素构成的复杂综合体，而人类对自然环境的改造又表现在大至宏观宇宙小至微观世界的诸多领域，所以要想全面准确地评价环境变迁的质量和水平是极为艰难的。近年来，伴随着全球环境污染的日趋严重，“环境质量指数”被各国政府广泛应用于污染源控制、环境污染物的排放、环境治理效果评价和环境污染程度评价之中。根据参与评价的要素数量不同，可以将“环境质量指数”分为单一环境质量指数、单要素环境质量指数和综合环境质量指数三种类型；根据加权计算方式的不同，“环境质量指数”又可以分为幂函数指数、线性函数指数和等级指数。幂函数指数表达了某一环境参数对所处环境的正向影响程度；线性函数表达了某一环境参数与所处的环境质量之间的线性权变关系；等级指数是一种非线性的环境质量指数，根据被评价地区级别和范围的不同而划分为不同的等级。计算公式分别如下：

幂函数指数：

$$EQI_i^j = \alpha_0 + \alpha\sum_{x=1}^{k} X_1 X_2 X_3 \cdots X_k \text{(对}i\text{区域第}j\text{时点的评价指数)}$$

线性函数指数：

$$EQI_i^j = {\delta_i^j (influencedegree)} \Big/ {\varphi_i^j (enviroment)} \text{(对}i\text{区域第}j\text{时点的评价指数)}$$

等级指数：

$$EQI_{ij}^{m}=\alpha_0+\sum_{m=1}^{n}(m_{ij}^{1}+m_{ij}^{2}+m_{ij}^{3}+\cdots+m_{ij}^{n})+\beta_{ij}^{n}(m=1,2,3,\cdots,n,\text{表示评价元素系列})$$

显然，在等级指数里边多加了常数项α_0和随机弹性系数β_{ij}，主要是因为不同等级的环境质量评价的初始质量水平和随机干扰因素必须加进模型计算中，否则指数计算将成为推测。“环境质量指数”系数的计算方法有很多，大多根据无量纲化的相对数值计算环境质量评价模型的系数。目前，学术界使用的主要计算方法有算术平均值和几何平均值加权法、极值取舍法、统计分布坐标转换法、环境基线容纳能力法（背景值测度法）、因子负荷比计量法、人群特殊感觉法、环境超标率计算法等。不同方法的计算模型和计算过程不同，因而计算结果也会存在差异，但是所有计算方法的评价水平基本符合预期。在所有评价指数中，《江苏省环境质量指数考核标准》中指定的计算方法比较具有代表性，其基本的公式为：

$$EQI=GOODDAY\times30+WATERQUALITY\times20+WATERFUNCTION\times40+NOICE\times10$$

其中，“环境空气质量良好天数百分比”占比 30%，集中饮水源地水质达标率占比 20%，水域功能区水质达标率占比 40%，城市环境噪声达标率占比 10%，通过分级加权最后得出环境质量综合指数EQI。显然，这一指数计算方法没有考虑到食品安全指数和汽车尾气等的分类排放标准，因此计算结果有待商榷。

2.2.4 环境绩效指数理论（Environmental Performance Index Theory）

2020 年 8 月美国麻省理工学院（MIT）生态负效用研究中心对哥伦比亚大学国际地球科学信息研究中心、耶鲁大学环境法律与政策研究中心及世界经济论坛 (WEF) 联合发布的《2018 年全球环境绩效指数》进行了纠正和优化，提出了 2020 年度环境绩效评价指标体系及其权重（表 2.3）。从表中可以看出 MIT 制定的环境绩效指数具有以下几个突出的优点：首先，增加了很多关键指标，如居住区噪声指标和转基因食品指标，这两个指标是衡量环境绩效水平的重要标准，在任何时候都不能忽略，而传统的环境绩效指数理论都没有涉及这两个指标；其次，强调物种多样性和温室效应对环境绩效的影响，指出人与动植物之间本来就是相生相伴的关系，如果物种多样性缺失甚至出现大规模捕杀珍稀动物或珍稀植物的情况，往往意味着人类生存环境的恶化；最后，强调新能源使用对一个国家和地区环境质量变迁水平的意义，指出水力发电、太阳能发电和风能发电是完全不同于火力发电的能源，必须在全球加以推广和利用。而原子能发电尽管比较普遍，但是日本福岛核电站的泄漏已经展示了原子能的生态负效应，因此该指标体系没有把原子能开发和利用作为环境绩效评价的必选变量。

表 2.3　2020 年环境绩效评价指标体系及其权重（MIT）

目标层	政策层	准则层	计量单位	标　识
环境健康 A（25%）	空气质量 A1（40%）	PM10 年平均浓度（20%）	%	X1
		PM2.5 年平均浓度（20%）	%	X2
		SO_2 年平均浓度（20%）	%	X3
		NO_2 年平均浓度（20%）	%	X4
		CO 年平均浓度（20%）	%	X5
	噪声 A2（20%）	公共交通区域噪声（50%）	分贝	X6
		私人居住区域噪声（50%）	分贝	X7
	公共卫生 A3（40%）	转基因食品产值（25%）	万元	X8
		城乡公共卫生设施投资力度（25%）	万元	X9
		突发公共食品安全事件比例（25%）	%	X10
		生活垃圾无害化处理率（25%）	%	X11

续 表

目标层	政策层	准则层	计量单位	标 识
生态系统活力 B（25%）	生态保护 B1（80%）	动物多样性保护（猎杀珍稀动物案件申诉率）（25%）	%	X12
		植物多样性保护（破坏稀有植物案件申诉率）（25%）	%	X13
		森林覆盖损失率（15%）	%	X14
		牧地沙漠化率（15%）	%	X15
		海洋营养指数（10%）	%	X16
		耕地转用率（10%）	%	X17
	资源覆盖管理 B2（20%）	城镇绿化率（40%）	%	X18
		城乡土地优化管理投资额度（40%）	万元	X19
		温室效应导致的海平面上升幅度（20%）	厘米	X20
能源开发与利用 C（25%）	高污染能源消耗 C1（50%）	煤炭消耗量（40%）	吨	X21
		石油消费量（40%）	吨	X22
		天然气使用量（20%）	吨	X23
	清洁能源使用 C2（50%）	风能发电量（25%）	度	X24
		太阳能发电量（25%）	度	X25
		水能发电量（25%）	度	X26
		新能源汽车销售量（25%）	辆	X27

续 表

目标层	政策层	准则层	计量单位	标 识
环境综合治理 D（25%）	工业污染物排放 D1（40%）	氰化物、汞、六价铬、镉、挥发酚、铅、砷等有害物排放（15%）	吨	X28
		废弃医疗资源回收量（5%）	吨	X29
		工业固体废弃物排放当量（25%）	吨	X30
		工业 COD 排放量（15%）	吨	X31
		工业氨氮氦排放当量（10%）	吨	X32
		工业黑碳排放当量（10%）	吨	X33
		N0x 排放量（10%）	立方米	X34
		甲烷排放量（10%）	立方米	X35
	工业污染物减排 D2（40%）	工业污水处理投资（40%）	万元	X36
		工业废气处理投资（40%）	万元	X37
		工业烟尘处理投资（20%）	万元	X38
	环境治理 D3（10%）	各界各类企业环境治理投资占整个 GDP 的比重（80%）	%	X39
		人均绿地面积（20%）	亩 / 人	X40
	产业结构调整 D4（10%）	第三产业增加值比重（60%）	%	X41
		绿色产业增加值比率（40%）	%	X42

数据来源：世界经济论坛《2018—2019 年全球环境绩效指数（Environmental Performance Index）报告》，麻省理工学院 2020 年秋季环境绩效评价报告。

2.2.5 金融生态指数理论（Financial Ecology Index Theory）

金融生态学最早由哈佛大学金融与生态文化研究中心的丹弗斯教授于 1956 年创立。丹弗斯在《为了金融衍生品的明天》一书中对金融生态学的基本概念、逻辑体系和思维模式进行了研究，指出："频繁爆发的金融危机使我们思考什么样的金融理念或者金融体制是最为安全的，如果金融系统内部的某种要素直接导致了金融危机的爆发，那么就必须将这些要素列为危及金融命脉的重点关注因素。如果一个国家或者地区的金融子系统不能有效供给核心系统的金融衍生需求，那么这个系统的运作就是低效的；如果金融资产过分受制于政府行政权力的干预而大规模流向工业资本家，那么对自然资源的无序开发和超额利润会驱动资本所有者疯狂地破坏均衡变迁的自然环境，最终导致金融资本的生态异化，进而引发更加动荡的金融危机。"① 显然，丹弗斯的金融生态学理论作为 21 世纪最为流行的生态金融学理论，已成为世界各国开展危机预警和监控机制研究的重要依据。

我国的金融生态学指数是由周小川发起设计并后续解释的。周小川（2005）认为，维持金融系统运作的所有机构、体制、制度、人员、金融科技、电化交易、道德素质和政治权力都是相互作用、相互影响、密不可分的，与此同时各大国有银行必须将绝大多数的资金投向低污染、低能耗、高产出和高收益的新能源汽车、新能源发电、新能源出行、新能源旅游、新能源投资等领域。只有这样，金融系统和影响其运作的各种外部经济系统之间、各金融子系统之间、金融衍生趋势和金融科技之间、科技创新和科技金融之间、金融柜台业务和互联网金融之间、远期金融业务和近期金融业务之间、国内金融和跨际金融之间、保险理赔和信托投资之间、金融资本和自然资源之间才能实现和谐共生、互动发展，否则金融异化必然滋生金融腐败和国有金融资本大规模流失，而金融生态指数就是衡量金融系统生态效能的关键因素。总体来看，国内学者关于金融生态指数的研究均处于起步阶段，相关的研究成果还比较有限。其中，吴庆田和陈伟（2010）研究了农村金融生态环境对金融效率提升的意义，指出在 Granger 因果检验模型下我国 1985—2008 年的数据表明农村金融生态指数越高，我国整体的金融效率也就越高。毛泓和金道政（2007）从经济基础、社会保障与金融发展等方面构建了金融生态指数对环境绩效评价的指导意义，指出安徽省的金融实证数据表明注重生态环境保护的金融投资更能产生资源叠加效应，因此金融生态指数对金融发展意义重大。

国内外学者从主成分分析法、因子分析法、聚类分析法、灰度关联法、空间集聚法和层次加权法等多个角度研究了金融生态指数，但是所有研究方法均比较宏观且缺乏真实数据的实证分析。基于此，金融生态学派借鉴张运、许涤龙、李召麒（2017）的研究，构建了基于可信度系数估算法的金融生态指数计算方法。先构建一个初步的可信度系数$\mu_{x_i x_j}$：

① DAANFFSI. Creativity and transaction of financial ecology index theory[J].Washington Post ,2020-12-20（4）.

$$\mu_{x_i x_j} = \frac{\Theta_i^2 \operatorname{var}(\rho_i)}{\operatorname{var}(x_i)}$$

其中，ρ_i为 ***FEI*** 构成要素的实际值，x_i为 ***FEI*** 构成要素的测量值，Θ_i为ρ_i到x_i的映射。接着建立一个含有非均衡方差的改进型可信度系数并通过Θ_i来衡量 ***FEI*** 各构成指标信度的高低：

$$\Theta = \mu_{SS}^2 = \beta_i \frac{M}{M-1}[1 - \frac{\sum_{i=1}^{m} Var(x_i)}{Var(S)}]$$

其中，β_i为方差弹性系数，M为总样本规模，$Var(x_i)$为 ***FEI*** 第i个元素的方差，$Var(S)$为总方差。该模型设置了弹性的变量选取方式，强调随着变量选择方式的变化，不但方差弹性系数会发生变化，而且新的金融生态指数Θ_i会发生变化，从而大大提高了模型的可信度。随后使用卡方自由度比值（CMIN/DF）、良性适配指标（GFI）、残差均方和平方根（RMR）和调整后的良适性适配指标（AGFI）对模型进行校验，发现模型最大限度地模拟了欧阳胜银（2015）建立的金融生态评价指标体系，而且代表性强、信息量丰富，可以作为评价特定国家或区域金融生态化水平的基本指数。接着采用因子分析法的可降维属性对各个指标进行合成，其基本的因子载荷矩阵为：

$$\boldsymbol{W} = \begin{vmatrix} w_{11} & w_{12} & \cdots & w_{1n} \\ w_{21} & w_{22} & \cdots & w_{2n} \\ \cdots & \cdots & \cdots & \cdots \\ w_{m1} & w_{m2} & \cdots & w_{mn} \end{vmatrix}$$

假定存在n个公因子$F_1, F_2, \cdots, F_n$（$n < m$），那么各主成分因子和观测变量X之间的关系可以表示为$X = \boldsymbol{W}F + \varepsilon$。在此基础上，可以得到无量纲化标准函数模型：

$$F_j = \theta_{j1} X_1^j + \theta_{j2} X_2^j + \cdots + \theta_{jn} X_n^j, j = 1, 2, \cdots, n$$

根据 OLS 思想求出 F 近似值：

$$\widehat{F} = W'\boldsymbol{P}^{-1} X$$

其中，$\boldsymbol{P}$为X的相关系数矩阵。然后，以公因子F为自变量、以Y为因变量，可以得到含有n个公因子的线性回归方程：

$$Y = \tau_1 F_1 + \tau_2 F_1 + \cdots + \tau_n F_n + \xi$$

通过上述公式可以求得系数估计值τ_n。假定 ***FEI*** 有p个组成要素，那么第i个组成要素的权重计算公式为：

$$\varpi_i = \psi_i / \sum_{i=1}^{p} \psi_i, i = 1, 2, \cdots, p$$

最后将各要素权重得分进行部分或者全部算术平均，可以得到特定时点、特定区域的金融生态指数。这是一个不断权变的指数，在实际检验中根据评价目的不同可以设定不同的分值。尽管金融生态指数仍然存在着系数估算相对简单、模型设计不够精准、计算方法倾向线性模式和实用性障碍等问题，但是金融生态指数的构建思路和实证过程对本书的研究有很大帮助，是重要的参考性理论。

2.2.6 低碳指数理论（China Low Carbon Index，CLCI）

低碳指数是衡量低碳产业发展水平和资产证券化水平的重要指数。现在国际上通行的低碳发展指数是由中国学者会同 Vantage Point Partners 创始人及首席执行官艾伦·索尔兹曼共同设计和开发的。低碳发展指数是全球唯一一个以人民币为计价单位，而不是以美元为计价单位的指数。一般来说，低碳指数涉及九大领域，即水电能、风能、太阳能、核能、智能电网、清洁煤、电池、能效（包括 LED）、水处理和垃圾处理。也就是说，如果一个国家或地区在这几个领域的投资力度越大、融资能力越强，那么这个国家或地区的低碳指数就越高。相反，如果在这些领域的资产规模和盈利能力有限，而且融资模式单一化，则会导致该国家或地区的低碳指数降低。低碳指数是一个正向评价指数，该指数越高说明该国家或地区的生态自组织能力越强，反之则越弱。

2018 年，我国清洁能源发展的总规模和总投资已经超过了 G20 国家，可再生能源装机容量仅次于美国，居世界第二位。与此同时，我国低碳上市公司的市值已经增长了若干倍，我国低碳企业已经以其强大的市场竞争力和资源凝聚力跃居世界发达国家的行列。总体来看，包括比亚迪、金风科技、尚德动力在内的低碳上市公司的主要经营收入中至少有 30% 来自低碳业务，非低碳业务广泛分布在次生能源和绿色人居工程方面。就资产流动性来说，电力行业股票的流动性远远高于金融科技股和新能源汽车股，其中水力发电的低碳指数最高；就流通股比的发展趋势来说，电动汽车的总资本流通股占比最高。CLCI 指数的计算以 2006 年 12 月 31 日为基日，以该日所有股票样本的调整市值为基期（基点为 1 000 点）。作为低碳产业量化的重要指标，低碳指数的计算仍然采用综合权重分类计算法，计算公式如下：

$$CLCI_i^j(H11113) = \frac{\sum_{i=1}^{n}(stockprice_i^k + balance_i^k + \alpha_i^k + rate_i) + \sum_{j=1}^{m}(stockprice_j^k + balance_j^k + \alpha_j^k + rate_j)}{ALLstockbalance_{i,j}^{m,n}}$$

其中，$ALLstockbalance_{i,j}^{m,n}$表示第$i$时间（$i=1,2,3,\cdots,n$）和第$j$区域（$j=1,2,3,\cdots m$）中的所有$k$只股票的调整总市值，分子$stockprice$、$balance$、$\alpha$、$rate$分别表示被遴选进入低碳指数样本范围内的股票的当期均衡价格、调整样本数量（计算方法同沪深300指数）、权重调整因子（每半年调整一次，时间分别集中在1月和7月，其他时间不做调整；因子系数保持在6∶4或者5∶5两种标准）、汇率（依据人民币兑换其他各种外汇的当期汇率均值计算）。$H11113$表示指数代码，是中国证监会授权所有证券交易所合法使用的唯一凭证，其他各种非正式股票大师系统开发的代码均不具备合法约束力。

低碳经济是未来全球经济发展的基本样态，低碳指数理论对休闲体育产业的发展意义重大，因为休闲体育产业是与低碳经济紧密相联的外围企业，休闲体育产业的休闲本质决定了休闲体育企业的低碳要求和环境修复标准，在休闲体育方兴未艾之际，以低碳指数理论作为休闲体育产业发展的参考性理论不仅具有理论价值，还具有现实意义。

2.2.7 可持续发展指数理论（Sustainability Index）

可持续性，是指一种经济发展形式能否实现高层次正向循环的问题，也就是说能够在资产规模、产业结构、内部管理、赢利预期、产品竞争力、市场占有率和外向开放性等方面实现时间和空间再生产的企业、公司或组织就是具备可持续发展能力的主体，反之就是不具备可持续发展能力的企业。一般来说，可持续发展指数的构建必须充分考虑以下几个指标：企业综合竞争力指标、企业经营环境指标、企业社会责任指标、企业外贸依存度指标、企业基础创新指标、企业融资质量指标等。其中，《2019中国企业可持续发展指数》中共列出了四个维度、九项准则的77项指标，定量化测评了我国企业综合可持续发展的能力和水平。值得注意的是，由于2020年以来在经济危机持续加剧、国际关系日趋紧张、大国博弈高度弹性、国内需求大幅萎缩的经济环境下，华北地区、华南地区和东北地区的沿海企业的可持续发展指数明显高于其他内陆地区和边远地区的可持续发展指数。其中，交通运输业、商贸物流业、电子商务业、农产品加工业和休闲体育产业的可持续发展指数呈现直线式上升的特点；相反，能源化工业、机械制造业、房地产行业、饮食餐饮业、旅游业、有色金属业、金融保险业、出租业等均出现了价格“腰斩”的现象。因此，如何优化企业可持续发展评价指标成为世界各国政府更为关心的重大民生问题。基于此，国家相关部门结合我国产业发展的基本趋势，将企业自然灾害应对能力作为评价产业可持续发展的重要指标，指出：“危机应对能力”越高，企业可持续发展的质量就越高；危机应对能力缺失必然导致企业可持续发展质量的下降。另外，在这个指标下还设置了12个三级指标，包括危机应急反应能力、危机处理能力、危机心理承受力、危机行政能力、危机善后能力、危机协调能力、新冠病毒相关产业的自为能力、卫生事业抗跌打能力、医药卫生战斗能力、病毒传播舆论社会化能力、区块链扩散能力、突发公共卫生事件治理能力等。总之，可持续发展指数事关企业生态运作的质量和水平，对于休闲体育产业的发展意义重大，因而成为本书的重要参考性理论。

可持续发展指数分为城市可持续发展指数（Urban Sustainability Index，USI）和农村可持续发展指数（Rural Sustainability Index，RSI）两类。所谓“城市可持续发展指数”，是指城市经济实现自我管理、自我监督、自我运行和自我创新的能力，这方面能力强大的企业必然是行业组织中的佼佼者和“不倒翁”，反之就是“植物人公司”或者是“昙花企业”。绝大多数休闲体育企业属于“屹立不倒”的“长城企业”，所以一个国家或地区休闲体育产业的发展水平基本上可以反映该国家或地区的生态可持续发展能力。所谓“农村可持续发展指数”，是指农村经济实现自我管理、自我监督、自我运行和自我创新的能力，这方面能力强大的农村集体或者承包组织必然是具有强大拮抗能力的自治组织，能展现出更强的可持续发展特质，反之那些不具备自循环能力的农村团体或者个人就会像“秋风扫落叶”一样被淘汰。不论是城市可持续发展指数（USI）抑或农村可持续发展指数（RSI），都是具有相对独立性的指数体系，根据不同的准则形成了不同的具体指标和数据。

根据《2019城市可持续发展指数》的数据，我国企业可持续发展指数呈现出参差不齐的特点，总体来看，可以得出如下基本结论：一是在决定可持续发展指数的所有评价指标中，“城市医疗覆盖率”和“政府科技研发资金投入”是下降最快的两个三级指标。这意味着医疗卫生保障体制的缺失和科技创新能力的严重滞后已经成为经济可持续发展的重大“桎梏”，必须尽快改变，否则人民的幸福感指数和安全宜居指数就会大打折扣。二是可持续发展指数排名靠前的城市并非经济发展实力最强的城市。比如，杭州市、珠海市、威海市、宁波市、绍兴市分别位于前十名中的2、5、7、8、10位，但是这几个城市的经济实力都不是最强的，尤其是威海市在整个山东的排名也仅仅是处于中下游水平。所以，可持续发展指数重点强调的是生态环境的支撑能力和内循环能力，而不是经济实力。三是泰州市是2020年度中国可持续发展速度最快的城市。虽然泰州市的可持续发展指数并没有进入前十名，但是泰州市的可持续发展速度是最快的，主要原因在于泰州市将传统城市“以经济发展带动社会进步”的模式改为“以社会进步促进可持续发展的模式”。如大力提高养老保障基础设施投资，建立完善的养老保障机制和制度；大力推行城乡公共服务一体化建设，极大提高了人民的幸福感指数；通过道德宣传扩大城市影响力和凝聚力，大大提高了城市可持续发展的社会基础；推行医疗卫生服务体制改革，使看病难和看病贵的问题得到缓释，极大地提升了城市品牌形象和城市吸引力；大力建设城市体育休闲设施，提升城市软实力；等等。这说明可持续发展必须是以人类自身生—老—病—亡生态演化为基本样态的发展模式，而不是单纯依靠经济发展为主导模式的发展样态。四是珠三角地区和长三角地区是我国可持续发展指数最高的两个地区，总体可持续发展指数呈现出从东部沿海地区到内陆边远地区顺次递减的态势。五是城市可持续发展指数与城市GDP、城市人口规模、城市面积成正相关关系，但是相关曲线呈现明显的“拐点”，即当城市人口发展到一定程度、城市建设面积严重超出城市环境承载力、城市经济发展严重滞后、自然生态承受力滞后时，负相关性便应然而现。六是城市科技创新能力与城市可持续发展密切相关。一般来说，城市创新指数越高该城市的可持续发展水平也就越高，反之则越低。科技创新对城市可持续发展的贡献率呈现出波动起伏的特点，主要干扰因素有宏观经济环境、人力资源存量、科技金融发展水平、社会道德障碍和国民幸福感指数等。

根据《2019—2020中国可持续发展指数》的数据，我国农村可持续发展指数呈现出参差不齐的特点，总体来看，可以得出如下基本结论：一是“农村养老社会化”指标和“相对贫困”指标是这段时期以来下降最快的两个指标，这说明农村养老问题和农村相对贫困问题已经成为制约农村城镇化建设、规模化建设、机械化建设和现代化建设的重要阻碍力量，这两个问题不解决，我国农村经济的可持续发展就难以实现。二是农村土地市场发育指标和农村劳动力城市转移问题已经成为制约我国“三农”问题的重要因素，必须尽快加以解决。如果不能在土地有序流转的基础上实现农村要素资源的最优配置，那么农村经济的可持续发展就会成为“海市蜃楼”，很难实现经济演化的良性变迁。三是农村环境污染指标的持续降低表明，治理乡村环境污染已经刻不容缓。也就是说，只有不断加大农村环境治理投资，才能还农村绿色可持续发展的基本面貌，忽视农村生态治理必然导致整体经济后续乏力。

可持续发展指数的计算公式如下：

$$USI = \frac{\sum_{i=1}^{n}\left(GDA_i + popullation_i + space_i + sciencecreativity_i + natural_i + ecology_i + others_i\right)^{city}}{quantity_i^n(city)}$$

$$RSI = \frac{\sum_{i=1}^{n}\left(GDA_i + popullation_i + space_i + sciencecreativity_i + natural_i + ecology_i + others_i\right)^{rural}}{quantity_i^n(rural)}$$

主要评价指标包括经济发展水平、人口因素、地理环境要素、科技创新实力、自然环境支持力、生态治理水平和其他影响因素。

2.3 生态补偿理论

在国外，“生态补偿”概念一般与“生态服务”混合使用。D.Pearce 和 K. Tuiner 认为，所谓“生态补偿”是指用于生态保护的相关费用支出（Payment for Ecological Services，PES），是修复经济发展、物质循环和机体调节对自然生态功能肆意破坏的一种手段和过程。所以，在美国等西方国家大多将生态补偿翻译为“生态服务付费”。当然，生态补偿概念还应该具有更为广泛的内涵，如生态修复意识、生态价值链循环、生态伦理、生态文化、生态宣传、生态传播、生态回归等。在庇古（Pigou）的生态经济学理论中，生态补偿被定义为“基于自然福利的外部活动补贴”，即生态补偿是指对自然界的物质性补贴机制和过程。

多年来，生态补偿理论已经发展成为各国政府处理环境问题的重要理论支柱。与此相适应，生态补偿理论已经发展成为多个分支学说，如生态服务功能理论、生态区域协调发展理论、生态循环再生理论、复杂性生态适应性理论、生态敬畏学说等。从概念语义学的规律看，生态补偿理论主要表现为“自然补偿说”“损害补偿说”“受益补偿说”“双向补偿说”等多种学说。其中，“自然补偿说”主张自然环境的破坏必须由自然本身进行自我修复和代偿，而不能由人为的因素进行主动递补；“损害补偿说”认为应该按照“谁破坏了环境谁修复环境”的原则进行生态补偿；“受益补偿说”认为谁受益谁补偿是保护自然环境的唯一法则；“双向补偿说”认为自然是没有思维的，自然环境的破坏是工业文明发展的必然结果，对自然环境的修复应该由人类“获利者”和自然“受害者”两方面协同补偿，而不能由某一单独群体或者个人进行补偿。

《生态补偿条例》(2014)虽然没有进入2021年即将实施的《中华人民共和国民法典》，但是该条例对生态补偿的条件、主体、客体、规则、资金拨付、财政补贴和法律支持等问题进行了详细研究，指出“狭义”上的生态补偿应该包括“保护性补偿”和“破坏性补偿”两个方面的内容。2016年，国务院制定的《关于健全生态保护补偿机制的意见》首次提出了“生态保护补偿”的概念，指出应该加强对河流、山川、草地、湖泊和苔原地貌的保护。2018年，多部委联合下发的《建立市场化、多元化生态保护补偿机制行动计划》继续沿用了这一概念，使地方政府对生态补偿政策的执行力度更加明确化，同时多次提到了生态修复成本、生态补偿价格、生态补偿服务等概念。总之，生态补偿理论对研究休闲体育产业的发展意义重大，成为本书的重要参考性理论。

一般来说，自然资源的不可再生属性是生态补偿理论的生态学要求和自然表达；环境资源和自然万物的生态自组织权利界定是生态补偿理论的法治基础和制度保障；自然环境治理的公共属性假象是生态补偿理论得以不断争议的公共行政学基础；外部不经济性的内部化和边缘化是生态补偿理论所要解决的核心价值问题和环境经济学基础；自然资本论学说是生态补偿标准化的客观依据和实践诉求；自然大地伦理学是生态补偿理论得以产生的经济伦理学基础；自然敬畏学说是生态补偿理论得以不断进入高智慧领域的“新人地关系学”基础。从本质上看，生态补偿理论就是研究借由“制度安排和政策调节”将生态环境损害内部化，进而实现社会福利最大化和资源配置最优化的概念体系和学科体系。

2.4 体育金融理论

体育和金融具有先天的联系和不可分割的内生融合取向。体育金融理论是研究体育产业变迁、体育融资模式、体育投入产出、体育金融科技、体育外汇投资、体育上市公司、体育理财产品、体育基金投资等发展变化规律的科学。其主要理论领域如下。

2.4.1 体育俱乐部风险投资理论

俱乐部体制是体育产业发展的重要表现形式，如足球俱乐部、篮球俱乐部、排球俱乐部、橄榄球俱乐部、田径俱乐部等。典型的案例如中国万达集团就曾经买断沈阳足球队，成为该足球队的主要投资者和控股者。客观来讲，俱乐部体制为现代体育产业的发展注入了新鲜的活力，成为推动休闲体育产业发展的重要组织形式。体育俱乐部风险投资理论的研究始终是中外学者关注的重要话题。

陈勤（2016）利用德尔菲法、实验跟踪法、模糊综合评价法和非线性层次分析法研究了体育俱乐部风险投资的基本模式、融资机制、融资规模、投资效益和后期资助问题，指出不断拓宽融资渠道、优化投融资体系是进行俱乐部投资的重要考量因素。[①] 他构建的模糊算子综合评价模型为：

$$B_j = \min \Theta \sum_{i=1}^{m} A_i X_{ij}, j = 1, 2, 3, \cdots, n$$

最后通过总投资风险评价指标体系计算出隶属度向量B，在此基础上得到五级风险评价模型：

$$RISK = B \cdot Y = (b_1, b_2, b_3, b_4, b_5) \begin{bmatrix} y_1 \\ y_2 \\ y_3 \\ y_4 \\ y_5 \end{bmatrix}$$

郑卫民、任保国（2009）指出：“体育俱乐部风险投资是一种具有不可替代属性的社会投资，构成了体育事业发展的重要基础性动力。俱乐部风险投资已经成为中国体育事业的‘孵化器’和‘培养皿’，对我国体育产业经济的发展起着重要作用。”[②]

2.4.2 体育专利投融资理论

我国体育专利技术极为发达，不仅足球、篮球和乒乓球等经典大球的发源地是中国，毽子、飞弹、围棋、象棋、五子棋等棋类运动的发源地也是中国。迄今为止，中国已经成为全世界体育专利技术申请量和获批量最大的国家之一。周志娟（2019）研究了高新休闲体育企业专利融资能力评价指标体系的构建问题，指出专利融资包括专利证券化、专利风险投资化、专利质押、专利口

---

① 陈勤 . 业余体育俱乐部风险投资的评价指标体系研究 [D]. 成都：成都体育学院，2016.

② 郑卫民，任保国 . 我国体育产业风险投资组织模式、退出方式及发展战略研究 [J]. 沈阳体育学院学报，2009（2）：32-36.

头转让许可等多种形式。而休闲体育产业的专利投融资力度正在不断加强。①她使用收益现值法、市场价值法和重置成本法构建了休闲体育产业专利投融资评价指标体系（表 2.4）。表 2.4 显示，专利规模因素、专利类型、同族专利数量、标准必要专利数量、专利剩余经济寿命、专利权的稳定性、专利的可规避性、专利侵权的可追溯性、专利维护的费用和专利有效年份都是影响休闲体育产业发展的重要融资因素。根据国际经验，只有那些拥有较低净资产负债率、较高净资产收益率、较高流动资产周转率和较高总资金周转率的体育休闲企业才能在专利投资和专利收益领域占有一席之地。那些“植物人公司”很难获得实用新型专利、发明专利和外观设计专利方面的资金支持。

表 2.4　休闲体育产业专利投融资评价指标体系

评价指标种类	评价指标说明	指标标识	权　重
专利规模贡献度	根据专利类型不同设为三级，即 1、0.3、0.1	X 1	1/15
有效发明专利数量	必须具有国家专利局发明证书	X 2	1/15
专利权利要求说明	专利收益比、专利转让比、专利融资额度比等	X 3	1/15
专利国际化程度	专利跨境收益与专利国内收入比	X 4	1/15
专利标准化程度	各级各类专利机关法律规范冲突类型比	X 5	1/15
专利维持年限	一般以年为单位计量，不足一年递补为一年	X 6	1/15
技术不可替代程度	专利审批码的授权唯一性和不可更改性	X 7	1/15
产品市场竞争程度	专利产品市场占有率	X 8	1/15
专利权的可规避性	竞争对手试图超过该专利的技术难度和设计难度加权和	X 9	1/15
剩余经济寿命	从专利收益日开始的专利赢利期限持续年限	X 10	1/15
专利产品营业毛利率	营业额与企业总投资之间的比率	X 11	1/15
企业资产负债率	企业负债总额与企业净资产的比率	X 12	1/15
企业流动资产周转率	企业流动资金占企业总资产的比率	X 13	1/15
企业总资产周转率	单位时间内企业总资产的周转次数	X 14	1/15
企业科技活动补贴	政府给予企业经营的资金贴现率、利息回扣率和奖金额度比	X 15	1/15

① 周志娟.高新休闲体育企业专利融资能力评价指标体系构建研究[D].柳州：广西科技大学，2019.

2.4.3　体育休闲旅游融资理论

张小林、周道平、肖红青、刘少英 (2004) 研究了我国西部地区休闲体育产业融资模式问题，并根据旅游业发展的实际调研数据提出了休闲体育产业的融资学说，指出该理论应该成为研究休闲体育产业发展的基础性理论。原因如下：一是旅游业是与休闲体育紧密相关的第三产业，旅游业的融资模式具有和体育休闲产业极为相似的地方。比如，在融资偏好性方面，无论是旅游业还是休闲体育产业，都愿意引进最低风险的外部资金促进该产业的振兴与发展；两大产业都属于严重依赖风险资金的产业。二是各种休闲体育旅游圈建设极大地促进了休闲旅游业的发展，为休闲体育旅游业的发展创造了机会。比如，“环渤海体育旅游圈”“环青海湖民族体育圈”“环呼伦贝尔草原民族体育运动圈”“环拉萨民族体育圈”的建设等都极具民族和地方文化特色，展现了休闲旅游和体育产业密不可分的辩证关系。三是各种体育健身活动的旅游色彩正逐渐加强，极大地促进了休闲体育产业的风险融资规模。比如，“2008 奥运旅游年”“2010 体育健身游泳比赛”“2019 体育自行车健身旅游年”“不忘初心牢记使命红色体育健身游”等。四是伴随着跨国体育休闲活动的发展，各种跨国体育健身项目得到了快速发展，如环中国边境长跑游、走向深蓝跨海游、韩国—日本—中国一日休闲健身游等。这些活动的开展对于提升休闲体育产业的外在形象和内在气质具有很大的帮助，成为促进休闲体育产业融资规模和融资质量的重要手段。

2.4.4　体育品牌传播融资理论

体育活动不仅是一种身体锻炼活动，更是一种品牌传播活动。比如，中国乒乓球事业的发展不仅促进了与乒乓球相关的体育企业的发展，还把“亚萍球拍”、“红双喜文化”、“狂飙文化”、“上海球台”、“苏州基地”和“乒乓广告”推到了一个全新的高度。正如奥林匹克委员会前主席萨马兰奇所说：“体育竞争在一定意义上是一种体育产品营销能力的竞争。”联系巴西足球品牌的发展、美国篮球文化的进步、欧洲田径文化的博兴、中国排球文化的崛起、日本柔道文化的兴盛、韩国跆拳道文化的变迁、肯尼亚长跑文化的酿生，各种体育赛事和体育品牌正在突破制度藩篱和语言障碍，走向更加辉煌的市场经济领域，成为世界各国宣传民族文化、推销精神产品、传播价值理念、抢占市场份额的重要手段。李真雯（2018）研究了路跑品牌赛事融资影响因素，指出情感性品牌和思想性品牌对体育产业融资具有特定的影响。一般来说，路跑品牌的机制穿透力和价值外溢力远远超过体育赛事本身。比如，每年一度的北京马拉松赛事品牌、上海国际半程马拉松赛、上海国际易跑、上海杨浦新江湾城半程马拉松、斯凯奇长宁国际半程马拉松赛、光明畅优 Change U 2018 上海樱花节女子 10 公里路跑都对这些地区休闲体育产业的融资规模产生了直接的影响。

2.5 体育精神学说

研究生态体育背景下体育产业投融资机制问题必须紧密联系体育精神的原始设计和后续诉求问题，因为没有公平正义、和谐团结、普惠众生的体育精神，就没有休闲体育产业的兴旺发达，也就没有休闲体育产业的投融资规模化和融资理念现代化。体育精神是支配所有从事体育产业发展有识之士行为的核心价值驱动力。

2.5.1 体育精神概念

体育精神是人类在体育活动中所表现出来的价值观、行为态度、意志品质、思想意识、内在体悟和思维理念的支配力量。理解“体育精神概念”必须注意以下三个方面的问题：第一，体育精神不同于与体育活动密切相关的“体育意识形式”，是隐藏在各种体育现象和体育行为背后的决定性力量。从历史上看，精妙绝伦的希腊体育精神铸就了古希腊文明的历史演化脉络，奥林匹克精神正主宰着人类体育活动的所有范式规则和行为视域；从现实来看，体育正义精神在影响着世界各国的法律体系变迁、军事博弈规则、文化变迁范式和社会和谐理念。正如雅斯贝斯所说：“体育运动不仅是游戏、纪录的创造，还是一种升华、一种精神上的恢复。”[①] 可见，绝对不能将“体育精神”概念作为表象世界的“思想意识形式和行为规范”。当然，受制于学者思维深度和逻辑视野的限制，出现将“体育精神定义为思想意识综合体”的情况也是可以理解的。比如，著名学者翟寅飞在其博士论文中指出：“体育精神是体育活动中体现的人的行为价值观、态度、毅力品质和思想意识的总和。”[②] 从哲学演化的角度看，“各种价值观和意识形式的综合体”是最为抽象的“现实规避行为”，也是最为隐蔽的“责任推搡行为”，因为人们只关注各种各样的体育样式和体

① ［德］卡尔·雅斯贝斯．时代的精神状况[M].王德顺，译．上海：上海译文出版社，2013.
② 翟寅飞．体育精神的哲学审视及实践观照[D].武汉：华中师范大学，2015.

育行为，很少有时间静下心考虑高深的体育哲学问题。第二，体育精神不同于“体育艺术”。所谓“体育艺术”，是指体育活动中所展现出来的艺术化品质和精神享受特点。本书研究的生态体育理论本质上也是一种“体育精神”学说，但是两者不可相提并论，因为前者强调体育活动的生态运作和环境本质，后者强调体育活动的根本价值和本源思考，在实际研究中应该做到清晰明了，不可混为一谈。第三，体育精神是所有体育活动的终极支配力量，处于核心价值信仰的中间。如果说力量是体育活动带给人类的“最美花朵”，那么体育精神就是给这朵“鲜花”输送养分的唯一通道。尽管现实中存在着服用兴奋剂、长期服用特殊功效的中草药或者注射某些不可被监测到的激素等情况，但是那些都不是体育精神提倡的，都是被业界所不耻的行为。换一句话说，体育精神是所有体育活动的终极支配力量，处于核心价值信仰的地位（图 2.1）。

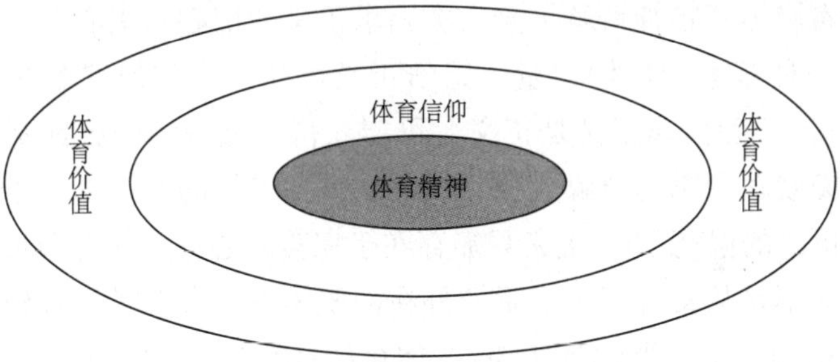

图 2.1　体育精神信仰核心地位逻辑图示

2.5.2　体育精神的历史渊源

体育活动是人类灵魂修养的基本模式，离开了体育活动的生命力本质，体育精神就会成为无源之水、无本之木。总体来看，人类体育精神经历了四个发展阶段，即古希腊体育精神的初创阶段、中世纪体育精神的保守阶段、近代体育精神的升华阶段和现代体育精神的开放阶段，每一个时期的体育精神内涵和表现形式各不相同。

1. 古希腊的体育精神（初创阶段）

从人类内生态循环机制来说，体育活动是一种高雅的生态活动，即是一种将“心灵的勇气和身体的活力合为一体”[①]的活动。体育活动所拥有的改变世界的力量[②]皆源于古希腊体育精神的原初内涵和变化本质。总体来看，古希腊体育精神的发展具有以下特点。

（1）古希腊体育精神点燃了全球“爱”的希望

尽管绝大多数学者对“体育精神”概念赋予了“肉体之美”和“骨骼之美”等的赞誉，但是我们认为体育精神的原初价值并不是单纯为了展现生理之美，而是为了彰显“人性之美”。也就是说，尽管“身体锻炼始终是首要的”[③]，而且“娱乐神明最好的场面就是展现娇艳俊美的肉体，表现健康和富有力量的肉体”[④]，但是苏格拉底说：“失去了爱的身体锻炼就是作恶，一是对自身的生理之恶，二是对他人和社会作恶”[⑤]。因此，古希腊体育运动的根本精神就是以人类自身的“内生态”为基本价值的自然生态精神，这是一种对美的向往和祈求，也是对“普世之爱”的唯美追溯和心灵期盼。

（2）古希腊体育精神铸就了全人类追求正义的信心和决心

正义是一种基本的信仰力量，笃信正义可能产生类似“墨菲定律”的现象，也就是说，“确信非正义是正义”可能获得更加辉煌的金钱基础。除去哲学正义论和微观正义学的浮躁成分，我们发现“美好的躯体里并不比丑陋的躯体里孕育着更多的温情”[⑥]，正义只能存在于完美的心灵及体育锻炼培养出的理想身体里，而不是从父母那里继承的外在的躯体里。古希腊体育精神的本质就是一种正义精神，正如顾拜旦所说：“体育精神存在于真正正义感的运动员身上，英国人曾让全世界信服的宽厚、公正和独立精神，他们曾垄断的这些体育

① ［希腊］赛莫斯·古里奥尼斯．原生态的奥林匹克运动[M]．沈健，译．上海：上海人民出版社，2008.

② 2000年纳尔逊·罗利赫拉赫拉·曼德拉（Nelson Rolihlahla Mandela）在首届劳伦斯奖颁奖现场的演讲，他指出：“体育拥有改变世界的力量。”在他看来，体育精神具有鼓舞人心、激发灵感的作用，它可以将不同区域民族及不同社会文化背景的人们团结起来，聚合在一起；作为一种特殊的语言，体育精神能够给青年人带来快乐；休育精神能够在荒漠中、在绝望中创造希望。体育的真正魅力和力量正在于它将人的身体与精神熔炼在一起，在展示和提升人的自然力量的同时，不断塑造人本真的体育人格，提升人的精神境界。

③ ［法］瓦诺耶克．奥林匹克运动会的起源及古希腊罗马的体育运动[M]．徐家顺，译．天津：百花文艺出版社，2005.

④ ［法］丹纳．艺术哲学[M]．彭笑远，译．北京：北京出版社，2007.

⑤ 全国休育学院教材委员会．休育史[M]．北京：人民体育出版社，2000.

⑥ ［法］瓦诺耶克．奥林匹克运动会的起源及古希腊罗马的体育运动[M]．徐家顺，译．天津：百花文艺出版社，2005.

精神，已经走到了尽头。”[①] 也就是说，英国资本主义的体育精神正在走向非正义的角度。当然，这种理论主要是针对英国和法国的百年战争而引发的。

（3）古希腊体育精神展示了众生平等的价值诉求

从概念语义学的角度看，“SPORT”的词根最初具有“反专制、反暴力、反歧视、反耻辱、反不公”的含义。也就是说，体育从产生之日起就有了“追求众生平等”的佛系哲学思维。顾拜旦也说：“没有公平的规则就没有真正的体育，体育就是公平规则在温和世界中的最佳表现。”[②] 古里奥尼斯更是把原生态的体育精神比喻为“军事活动的本质”[③]。

2. 中世纪体育精神（保守阶段）

在奉行“肉体是精神监狱”的漫长中世纪，体育活动被托马斯·阿奎那界定为“上帝的意志无与伦比地自由绽放”，而且是“灵魂对神圣天主的最后一次拷问”[④]。显然，封建制度对资本主义自由信仰的束缚已经断送了至古希腊奥林匹克精神的道德本质。在欧洲中世纪，频繁的战争、国家间你死我活的争斗、人与人之间狼奔豕突的抉择、国际关系中“利益至上”的思维已经染红了“喷血的眼幕”，此时所有的体育正义、体育公平、体育规则、体育信念都逐渐融化在“利维坦式”的“普力夺哲学”中。总体来看，中世纪的体育精神充满了保守、陈旧、古板、愚昧和专制，是一种严重违背人类自生态和绝对自然生态的体育变迁理论。

3. 近代体育精神（升华阶段）

近代以来，体育活动的发展已经超越封建制度的“专制藩篱”进入自由资本主义发展的新时期。绝大多数西方国家把“自由、民主、平等、博爱”等政治诉求融入体育活动中，从而形成了体育政治学的良好的学科体系和逻辑体系。总体来看，近代体育精神的生态本质逐渐被弱化为“市场经济本质”，也就是说体育活动的市场理念、盈利思维、赚钱意识和金钱至上哲学正处于如火如荼的境地，人们参与体育活动的核心目的是为了“获胜”并赢取“奖杯”和“荣誉”。当然，也有一些体育运动爱好者开始尝试“非功利主义”的运动理

---

① 皮埃尔·德·顾拜旦．皮埃尔·德·顾拜旦奥林匹克回忆录[M]．刘汉全，译．北京：北京体育大学出版社，2007.

② 国际皮埃尔·德·顾拜旦委员会．奥林匹克主义——顾拜旦文选[M]．刘汉全，邹丽，等，译．北京：人民体育出版社，2008.

③ [古希腊]塞默斯·古里奥尼斯．原生态的奥林匹克运动[M]．上海：上海人民出版社，2008.

④ 托马斯·阿奎那．神学大全[M]．北京：中央编译出版社，1999.

念，开始走向自然、走向森林、走向沙漠、奔赴大海，在世外桃源中尽情体验自然的恩赐和生态的“赠与”。值得注意的是，我国近代的体育精神受到了西方的极大影响。比如，孙中山就曾大力提倡“国民体育教育”，指出体育精神就是一种科学的竞技精神和公平比赛精神，体育精神对国民素质的提高意义重大。体育学家吴蕴瑞与袁敦礼在《体育与教育》中对体育的教育效能进行了分析，指出体育活动是身体活动和精神活动的统一，没有人类精神的寄托就没有近代体育精神。[①]总体来看，近代体育精神具有生态变迁的基本含义，展示了近代有识之士试图通过体育锻炼增强国民素质、实现国富民强的信心和决心，具有生态体育学的重大意义。

4. 现代体育精神（开放阶段）

进入现代社会以来，体育精神已经突破了近代的“自强”和“战争”内涵，升华到“开放”、“合作”、“共享”、“休闲”和“娱乐”等领域，与此同时，体育精神的狭义解释已经完全突破了广义论述的桎梏进入现代体育精神演化的新阶段。但不可否认的是，仍有诸多体育学者坚持认为现代体育精神存在着诸多的缺陷和不足，比如雅斯贝斯认为，现代体育是“被组织的事业”[②]，因而体育精神的理念被简化为“实用层面”，人们参与体育活动的原初动力和未来愿景已经被严重异化为“市场功利主义行为”和“金钱拜物行为”。要结合新时代中国特色社会主义的新情况，研究休闲体育产业发展的基本特点和未来取向，必须大力发展体育价值区块链和体育精神价值链，只有如此，中国现代体育精神才能变成“美德教育的中间环节”[③]。

2.6 融资包容理论

所谓融资包容理论，是指个人、政府组织和非政府组织在处理金融贷款业务、柜台业务、电子金融业务和信用金融业务过程中所怀有的宽宏大度的思维和理念。理解融资包容学说必须特别注意以下三点：一是“融资包容”并不是单纯针对弱势群体和低收入阶层的包容，而是最大限度的包容。如果一种金融政策或者制度安排是面向特殊阶层的，那么这种政策就是“非包容

① 吴蕴瑞，袁敦礼．体育原理[M]. 上海：勤奋书局，1933.

② [德]卡尔·雅斯贝斯．时代的精神状况[M]. 上海：上海译文出版社，2013.

③ 宋继新．寻觅体育的“类”文明——论公共休闲体育精神[M]. 体育文化导刊，2002.

性”的政策。比如，肖翔、张韶华、赵大伟指出：“所谓融资包容（Financial Inclusion），是指通过政策、立法和制度等方面的支持，使所有人尤其是弱势和低收入群体能够通过便捷有效的途径，从正规金融服务机构获得信贷、储蓄、支付和保险等服务。”① 二是不能将政策包容理解为“包容性政策”，或者仅仅局限在制度设计和政策变迁层面。事实上，“包容性政策”是政策包容的“客体”，而不是完全意义上的“融资包容”。除此之外，融资包容还表现为更为宽泛的“经济伦理”层面，如融资过程中的“容错机制”、融资结果的“纠错机制”、融资规模的“可调节机制”、融资手段的弹性机制、融资心理的“宽恕机制”、融资偿还时间的“宽限机制”和融资道德机制等。特别是融资道德的包容可以说是整个融资包容的核心和支柱，因为现实中绝大多数的金融纠纷和融资争端都肇始于交易双方的道德修养水平，那些没有善念的融资陷阱都是完全背离“融资包容”理念的。三是“融资包容”不等于“普惠包容”。近期有些学者将融资包容理解为“面向所有公众的普惠性包容”，进而认为推动融资包容机制建设必须和城乡普惠金融密切结合起来，实际上这是对“融资包容”概念内涵缺乏全面认知的结果。根据国际社会金融演化的基本经验，世界上根本不存在面向个体的“民粹式普遍包容机制”，暂且不说个体金融行为的法理后果存在被追溯和被法治处罚的必然后果，就是在金融诚信理念最为敦实且金融腐败最少的芬兰、瑞士和瑞典等国家，金融违规案件也是难以避免的。对于试图僭越金融基本框架的违法行为和违宪行为有且只有“非包容性的严酷制度”才有说服力，那些把金融秩序建立在少数“金融犯罪者”的良心发现和灵魂反省基础之上的想法是极为荒谬的。事实上，“融资包容”与“普惠金融”是两个完全不同的概念：前者强调融资程序性包容和融资理念性包容，后者强调金融服务对象的数量优势；前者强调融资过程中的伦理包容，后者侧重制度化金融规则。而且由于“普惠制度”（Generalized System of Preferences，GSP）主要是一种国际贸易和关税减免方面的制度，这一制度在金融领域中的应用主要表现为中间性银行管理系统、基于第三方信任的手机银行支付系统、金融衍生品供应商多元化使用系统、金融“时间戳”身份认证体系以及金融消费者保护机构和理念系统。显然，这些规定是面向所有融资客户和参与金融服务的团队成员的，而不是面向少数群体的。

尽管“融资包容”理论设计的最初目的是扫除金融贫困和解决融资可获得

---

① 肖翔，张韶华，赵大伟．金融包容指标体系的国际经验与启示[J].上海金融，2013（8）：28-33.

性问题，但是这一理论对推动银行业核心竞争力的提高和促进金融体制深度改革起到了很好的作用。迄今为止，国际上影响力较大的几种“融资包容”评价指标体系有“全球金融合作组织”（GPFI）评价指标体系、国际货币基金组织（IMF）融资包容评价指标体系、融资包容数据工作小组（Financial Inclusion Data Working Group，FIDWG）评价指标体系、世界银行（World Bank）融资包容评价指标体系、FinMark Trust 开发的 FinScope 融资包容评价指标体系。这些融资包容指标体系各有优势，也各有缺陷，但是总体上围绕表 2.5 所示的几个方面展开。这些评价指标体系对本书的研究很有帮助。

表 2.5　融资包容评价指标体系基本框架

指标类别	指标含义	指标标识	权重
融资账户包容	①多账户程序性包容；②多信用卡使用机会损失性包容；③账户不可抗力性损失包容；④电子账户丢失性包容；⑤异地账户 ATM 使用包容	Account Inclusion	1/6
储蓄包容	①存款数量性包容；②存款服务性包容；③假币误用性包容；④破币损害性包容；⑤存款人身份性包容；⑥存款人年龄包容；⑦存款手段包容	Deposit Inclusion	1/6
借款包容	①借款数量性包容；②借款服务性包容；③假币误用性包容；④破币损害性包容；⑤借款人身份性包容；⑥借款人年龄包容；⑦借款手段包容	Borrow Inclusion	1/6
支付包容	①制度化支付和费用制度化支付包容；②支付时空性包容；③支付手段包容；④支付数量包容；⑤金融科技支付包容；⑥互联网第三方支付包容	Payment Inclusion	1/6
保险包容	①保险参与者包容；②保险受益者包容；③保险管理者包容；④保险理赔业务包容；⑤跨国保险包容；⑥无主保险包容	Insurance Inclusion	1/6
信用包容	①农村信用合作社包容；②国有四大银行金融诚信包容；③融资征信包容；④融资扶贫包容；⑤精准扶贫包容；⑥国际农业开发贷款拨付比例性包容	Credit Inclusion	1/6

第3章　生态文明视域下休闲体育产业主要融资模式及问题分析

在保证生态环境可持续发展的前提下，大型休闲体育企业通过金融科技路径进行初始资金和流动资金的募集是市场经济现代化的必然规律和内在要求。对于中小休闲体育企业来说，官办融资的路径存量要远远低于民间融资的路径存量。在一个公平、对等的休闲体育产品市场上，企业发展的创发资金一般采取官办融资和民间融资等多种方式。在市场信息不对称的境遇下，我国休闲体育产业融资存在融资规模、融资质量、融资代偿水平、融资专业人才、融资生态循环等多方面的问题。

3.1　休闲体育产业官办融资的主要模式

对于成长中的大多数休闲体育企业来说，官办融资具有渠道多样、资金担保机制健全、资金计息方式稳定、偿贷方式多元、贷款额度大等突出优点。很多休闲体育企业优先选择通过诚信担保融资、有价证券融资、委托贷款融资、农信融资等途径筹集企业发展的资金。

3.1.1　休闲体育产业诚信担保融资模式

诚信是一种道德资源，民间的诚信评价存在于非正式的亲缘关系交往和非制度化利益表达之中。正如诺贝尔经济学奖获得者诺德豪斯所说："诚信是商品交易能够顺利实现的基本条件，从严格意义上说，市场交换就是一种以诚信资源为标的的道德交换，物化商品只不过是道德资源的外部载体而已。"[①] 在金融征信市场上，虽然并非所有休闲体育企业的诚信记录都可以通过中国人民银行的征信系统得以查询，但大多数的中小休闲体育企业是可以通过诚信抵押

① 诺德豪斯．新制度经济学[M]．北京：中国社会科学文献出版社，2002.

模式获得小额贷款的。信用之所以有价就是因为“无信则不立”，如果一个企业失去了最起码的信用承诺，那么即使再完美的合同和契约也全是空谈。所谓“诚信担保融资”，是指以休闲体育企业的信用作为重要担保依托的融资模式。对于正在成长中的休闲体育企业来说，通过诚信担保获得资金的优势如下：一是诚信担保融资往往以企业的诚信作为抵押物，而无须提供固定资产证明或虚拟资产凭证，因此手续相对简便；二是以诚信档案作为申请贷款的重要依据体现了国家对公民或法人信用坚守的认同和奖励，体现了社会主义市场经济制度的基础法则和发展潜力；三是根据康德“道德义务优于法律义务”的道德自律哲学，真正具有恒久约束力的是交易主体之间的“心灵信念”，法律约束和经济约束只有在特殊的环境下才可能实现。就诚信担保融资的弊端来说，这种融资模式一旦出现纠纷，往往存在取证难的问题，另外，通过这种方式获得的资金往往数额有限，并存在追偿债务的不可能性问题。如果资金获得者意识淡漠、道德修养有限，诚信担保融资容易引发经济犯罪，导致资金流失。

3.1.2 休闲体育产业有价证券融资模式

对于急需流动资金进行产品周转的休闲体育企业来说，如果手中持有国债、地方债券、企业债券、公司债券、股权证明等有价证券，就可以通过债券抵押的方式获得一部分资金。比如，对于生产城市休闲广场体育设备的企业来说，除了争取政府财政性倾斜资金的支持外，一个极为有效的融资方式就是利用社会组织或企业法人的有价证券进行快速融资。所谓“有价证券融资”，是指以国债或企业债券证明、纸质或电子存款单据、股票和贴现证明、基金证明甚至期货合约等作为抵押物权，进而取得休闲体育企业发展资金的一种融资模式。这种融资模式的优点是融资速度快，只要交易双方谈妥就可以完成抵押行为；融资手续简便易行，通过小额代理公司就可以在较短的时间内完成交割；不仅如此，这种融资模式因为交易双方的隐蔽性而使讨价还价机制得以随行就市。缺点是融资过程存在灰色交易行为，违反国家的金融政策；融资对长期债权持有者的损失较大，有时为了筹措资金不惜忍痛割爱（有价证券灰色交易定价机制往往依靠口头协议来完成）。从总体上看，休闲体育企业通过有价证券融资的主要方式存在以下几个特点。

1. 融资方式的官办属性明显

股票融资是一种带有强烈官办属性的资金集聚形态，世界上所有的股票融资系统（包括美国纽约道琼斯指数、英国伦敦时报指数、日本东京 NHK 指数、德国法兰克福指数、纳斯达克指数、创业板指数、中国深圳成分指数、上海综合证券指数、中国香港 H 股指数等）都是具有官方权力介入的交易规则系统。如李宁、阿迪达斯、PUMA、361° 体育休闲、花花公子等品牌都属于大型上市企业的主打品牌，这些企业的初始运作资金主要依靠股票上市募集，因而属于“官办民营”休闲体育产业。换一句话说，这些企业的经营除了依靠董事会决策之外，在一定程度上要依靠国家金融注资和股票配给来维持。除此之外，所有生产、销售、流通休闲体育产品的风险信托公司、保险代理公司、典当公司和外资银行等都是具有官办金融属性的融资形态。当然，这些体育产品上市公司在经营方式上存在着生产民营化和资产管理国家化的取向。

2. 融资数额较大

无论是通过上市募资还是通过实体集资方式经营休闲体育产业，都必须由足够大的资本支撑才能顺利实现。比如，生产健身器材的厂家最低的投资额度均保持在亿元级别，高额的投资才能产生高额的回报，这是帕累托最优原理的基本要求，也是休闲体育产业边际投资效益递减规律的必然展示。一般来说，通过股票上市、基金上市、新三板上市（创业板）、股指套利、红利配额和保险上市募集到的企业发展资金具有额度较大、企业债权人相对分散但企业董事权力相对均衡等优点，能够很好地促进休闲体育产业的利润提升和人力资源管理。但是，有价证券融资往往是以不可赎回式票据作为存在前提的，所有通过有价证券募集到的企业资金都不具备可赎回特征，散户只能在股市上流通这些有价证券，不可直接到证券公司兑换成现金。

3. 融资风险较小

与其他类型企业和其他融资方式相比，休闲体育企业通过有价证券进行融资的风险相对分散，企业承担的连带责任相对较弱。具体应该从以下两个方面理解：一是休闲体育企业的特殊性决定了利用有价证券进行融资的低风险性。休闲体育产业不同于非休闲产业的最大特点就是资金需求刚性、资金供给侧均衡性和较好的资金流动性。即使存在不可预知的外部风险，企业对风险的管控能力也是相对较强的；从休闲体育产业和非休闲体育产业的比较来看，这类企业产品的休闲特性也是消费刚性和销路稳定性的重要渊源，即使存在非休闲体育产品的竞争优势，休闲体育产业也会因为政策和政府的资金倾斜而渡过难关。现实中绝大多数休闲体育产业和银行之间、休闲体育产业和风险投资方之间、休闲体育产业和政府相关部门之间、休闲体育产业和高校科研院所之间的协同关系极为稳定并相对持久，除非发生重大的自然灾害或政治动乱，否则基于休闲体育产业的银企关系、银资关系、产业内部关系、人际关系和外资关联特征都相对稳态化和可持续化。产业结构关系是中国式经营风险的最小可能性边界，长久的合作伙伴是休闲体育产业战略决策的主要“智囊团”。二是休闲体育产业人力资源配置关系的简单化有利于分散融资风险。比如，休闲体育产业人才的个性气质、外在形象、社会影响力、领袖风格、豪爽的人格等都是化解企业经营风险的重要力量。与其他类型企业融资的风控能力相比，休闲体育产业的管理机制相对简单，很难抵御外部风险的冲击。也就是说，体育专业人才的特质决定了休闲体育产业的特殊融资风险。

4.融资具有代偿性

通过发行国债或者其他有价证券进行的融资都是需要偿还的融资模式，对于已经申请破产清算的有价证券发行来说，必须以企业的所有资产抵销债务，对于清算后仍不能偿还全部债权的股票公司、信息咨询公司、信托投资公司、保险公司和银行来说，以企业法人名义提起的诉讼将不对企业自然人发生效力，只对企业发生效力。总体来看，就资金代偿额度的排列来说，顺序依次是结构性投资理财产品的代偿额度要高于半结构性投资理财产品的代偿额度，半结构性投资理财产品的代偿额度要高于股票产品的代偿额度，股票产品的代偿额度要高于基金投资理财产品的代偿额度，基金投资理财产品的代偿额度要高于新三板产品的代偿额度，中小企业板块的代偿额度要高于企业债券的代偿额度。另外，有些发生在大型休闲体育企业之间的资金拆借和资金代偿机制存在资金向私人企业流动的取向。由于这些公司的注册资本相对较小、资金流动性较强，因而必然导致规避税务风险的行为、企业连带责任认定的困难、国有资产的间接性流失等现象。这些问题已经成为制约休闲体育产业发展的桎梏，必须尽快解决。

3.1.3　休闲体育产业委托贷款融资模式

“委托贷款融资”，是指委托人先将资金委托给银行，然后由银行将资金根据委托人的要求发放给资金需求者的融资模式。银行通过委托关系获得约定的委托收益，委托人通过高于银行存款利息的利息获得资产收益，资金使用者通过资金的使用获得休闲体育企业利润。由此来看，无论委托方的资金所有者还是受托方的资金监管者，他们所获得的收益都是一线生产企业利润的让渡而已。一般来说，受托银行和委托人之间会对贷款对象、贷款用途、贷款金额上限、贷款期限和贷款利率进行法律上的约定，如果双方有一方率先违约，就会依据双方签字盖章的合同来加以处理。对于生产城市体育设备、农村体育设备、全球体育定位设备的体育休闲企业来说，通过委托贷款方式获得资金不失为一种重要选择。这种融资模式的优点是受托银行可以不通过国有金融机构的烦琐手续放款，从而使休闲体育企业快速获得发展资金；委托方和银行都会获得较为稳定的中介收益，从而加速了货币的流通效益；委托贷款在数额上较大，能够满足休闲体育企业的长远资金需求，有利于这些企业的可持续发展。但是，当因经济危机或各种不可抗力原因导致出资者快速撤回资金的时候，休闲体育企业往往缺乏必要的应对措施并导致技术转化链条断裂，从而造成一定的损失。

3.1.4　休闲体育产业农信融资模式

农村信用社是由政府直接控制的国有金融机构，近年来伴随着国家对社会主义新农村建设的重视和支持，农村信用社的政策性职能变得更加突出，也就是说只要休闲体育企业创业融资的项目得到政府政策的扶持，获得资金的概率是很大的。对于服务城乡休闲文化的体育企业来说，努力争取农村信用社的资金支持主要出于以下三个原因：一是伴随着资本市场化步伐的加快，农村信用社的资金相对比较充足；二是伴随着国家税收减免政策的推行，农村信用社的经营成本明显降低；三是农村信用社的信贷政策相对宽松，有利于获得融资支持。比如，对于生产健身器材设备的休闲体育企业来说，获得农村信用社大笔资金支持的可能性很小，但可以通过健身器材设备的市场覆盖优势获得农村信用社的金融政策倾斜，并获得小额资金。一般来讲，健身器材设备的技术要求不是很高，普通的休闲体育企业都可以做到，但是要想使企业的健身器材设备获得较好的口碑，取得理想的使用效果，就必须立足城乡休闲体育市场，要在城乡关键领域安装、调试、规划、维修这些设备，只有这样，休闲体育企业生产的设备才能被社会大众认可。

3.2　休闲体育产业民间融资的主要模式

民间金融是和国有金融相对应的概念，国有金融涵盖国家政策性银行、国有商业银行、国有全资及控股的保险业、信托业、证券业等非银行金融机构。除去上述国有金融机构之外的金融形态统称为“民间金融”，民间金融既存在于农村地区也存在于城市地区。本书分析了休闲体育企业民间融资途径的优点和缺陷，以期为世界休闲体育民间融资市场的良性发展出谋划策。

3.2.1　休闲体育产业物联网融资模式

对于正在成长中的休闲体育企业来说，一方面要加快“内源性融资”的步伐，把主要的时间和精力放在通过自身积累来获得资本上；另一方面也要不断拓宽资金筹集渠道，争取在现有的企业制度框架内获得更多的“外源性资金”。从现阶段体育产品物联网企业融资变迁的实际来说，通过民间融资模式获得资金已经成为主要的融资途径。所谓“物联网”是指在互联网基础上产生的以红外感应技术、激光扫描技术、无线射频技术、全球定位系统和云计算技术为支撑的信息交换和数据共享的新型网络形态。所谓“物联网休闲体育企业”是指生产、运输、储存、交换、交流与体育休闲产品技术密切相关的全球定位设备、智能化识别设备、远外跟踪设备、红外监控设备、无线射频设备（RFID）、物联价值信息的企业总称。根据国际上通行的休闲体育企业物联网分类规则，休闲体育物联网企业大致可以分为两种类型：实体性物联网企业，也叫“硬企业”；咨询性物联网企业，也叫“软企业”。前者主要是指各种体育休闲产品设备制造企业和在金融市场上上市流通的股份制企业；后者主要是指为实体休闲体育企业提供物联网信息支撑的各种信息咨询公司、网络咨询企业、信息资产理财公司等。目前，中国的体育产品物联网技术尚处于起步阶段，相关的物联理念和设备技术尚不成熟，大多数的城乡体育产品物联网企业因为资金规模较小、融资途径单一、管理理念落后、政府前瞻性观念不强而处于初始的酝酿阶段。2013 年 4 月，国务院在《关于推进物联网有序健康发展的指导意见》中明确指出，中国体育产品物联网企业将在 2015—2020 年出现 50 亿元的资金缺口，联系 2010—2014 年中国体育产品物联网企业的总体融资状况，我们认为加快体育产品物联网企业的快速发展必须首先解决资金的瓶颈问题，必须从民间途径来募集体育产品物联网企业发展的初始资金。

3.2.2 休闲体育产业合会融资模式

“合会”最早起源于元代东南沿海的自由贸易，最初被称为“抬会”，合会融资方式在当代中国的兴起与 1978 年的改革开放政策密切相关。改革开放以后，伴随着市场意识的增强，一批懂市场经营规则的人开始离开自己多年经营的产业，尝试自主创业，如做小商品生意、摩托车生意、电子音像制品生意、农产品深加工生意、商品包装生意、日用生活品生意、烟酒生意等，为了能够在较短时间内获得商品经营的创始资金，大多数没有家族财富积累背景的公民开始诉诸于“合会”来解决资金短缺的问题。合会的资金主要由具有家族企业背景的企业家提供，大多数的会主都是由在南洋从事商品贸易的商人来担任。1993 年以后中国港澳台地区的会主占据了南方合会资金所有者的半壁江山；2008 年以后随着国家金融政策的适度放开，合会的作用也越来越大。对于正在成长中的休闲体育企业来说，之所以把合会融资模式作为一种可替代性选择，原因有以下两个方面：一是合会融资手续简便灵活，放款速度快。例如，对于转让跑步机生产技术的休闲体育企业来说，借助合会的初始资金，就可以迅速将自己的专利技术转化为生产力，而没有这笔资金，就很难进行太空漫步机生产技术的实验和国标检验，也很难通过宣传把新产品推向市场。所以对于诸多掌握健身器材技术的休闲体育企业来说，快速的资金筹措决定了企业的短期效用和长远发展，其意义不可小觑。二是合会融资利息较低，还款压力较小。例如，对于生产休闲体育感应器设备的中小科技物联网企业来说，技术的产出可能并不需要大量的投入，但设备的安装和调试需要雇佣大量的技术熟练工人，这一过程需要先期垫付一笔资金，这笔资金的融通不可能通过国有金融机构获得，而合会可以实现这一目的，而且合会的利息很低，只要产品获得成功，第三方信托投资管理公司会很快将这笔资金划到休闲体育企业账户。当然，合会融资模式仍然存在着重大缺陷：一是合会是互助性质的合作组织，一旦借款方因为各种不可抗力不能按时还款，合会组织追偿债权的能力有限；二是即使合会工作人员能够通过各种途径追回资金，在现实中往往存在暴力催债行为，甚至容易引发刑事犯罪；三是合会依靠人情关系来维持组织的运行，一旦发生债务纠纷，会滋生人情冷漠的社会消极心理，不利于社会的和谐与稳定。

3.2.3　休闲体育产业“私人钱庄”融资模式

1983 年 9 月，浙江温州商人方培林为了响应国家鼓励组建股份制公司的政策，决定成立一家股份制的金融合作社，把社会上闲散的资金收集起来以解决那些急需资金客户的日常需求。最初的设想是合作社实行“董事会制”，先通过村民大会宣传发动，然后印刷股权证和股份招标书并投股集资。他的这一举动在 1989 年被叫停；而令他没有想到的是，2003 年 3 月随着新一轮农村改革政策的出台，温州成为首个民间金融改革试点的城市。作为中国“私人钱庄”经营的第一人，方培林的设想是大胆和富有创造性的。客观分析“私人钱庄”融资模式的利弊，我们发现“私人钱庄”模式有如下优点：一是资金获取的速度快，只要提供简单的身份信息和个人经营信息就可以马上获得资金，快的可以当天放款；二是这一模式把社会上低效的货币集中起来，牢牢把握住了资金的累积性“滚雪球效应”，大大提高了资金的自我增值速度；三是解决了企业的燃眉之急，颇受休闲体育企业的欢迎。当然，“私人钱庄”融资模式的缺点也是非常鲜明的：一是一旦出现还款纠纷，双方的资金损失都不受国家法律的保护；二是“私人钱庄”的开办者往往会收取较高的利息，给资金需求者带来巨大压力；三是现实中存在着“卷钱走人”的案例，如果出现经营不善或因董事长个人问题引发连锁反应，就会导致整个资金链断裂；四是缺乏存款准备金约束，导致资金流通性风险加大。

3.2.4 休闲体育产业“集资型”融资模式

“民间集资”模式，是指通过公民自愿的形式将货币资产交由特定资产管理部门或个人加以高效管理的资金募集方式。民间集资不具备合会和“私人钱庄”的机构规范性，因而和它们有所区别；民间集资是一种民间的资金协作行为，没有得到国家的法律授权，也没有明确的机制规范。对于当今中国休闲体育企业来说，可以尝试通过民间集资方式募集企业的初始启动资金和中期流动资金，前提是必须和受资方签订资金委托协议书，最好通过律师作一下公证；对于受资方的资金追偿权要合乎公民的普遍存款习惯，也就是说只要受资方急需撤回这笔集资款项，集资方就必须连本带息退还。现实中许多休闲体育企业通过集资方式募集到了科技研发的初始资金，从而实现了休闲体育产品的规模化生产，如深圳金晶电子股份有限公司就通过集资方式获得了100万元的创始资金并迅速发展成为创业板上市公司。当然民间集资模式的弊端也是不可忽视的，如这种集资模式不具备完备的资金融通程序，很容易导致法律纠纷；受民众存款意识的制约，导致资金的稳定性不足；存在非法集资诈骗的可能；等等。

3.2.5 休闲体育产业“企业内部”融资模式

所谓“企业内部”融资模式是指休闲体育企业利用企业内部职工闲置资金来填补企业流动性资金不足的融资模式。一般而言，休闲体育企业应尽量避免利用职工工资筹措企业发展资金，原因就在于职工工资是工人补充劳动消耗所必需的生活来源，如果向职工募集资金，往往存在着偿还利息上的诸多分歧，以及企业经营伦理的社会评价问题。这种通过企业内部集资而获取资金的民间融资模式，以休闲体育企业的内部职工为主要募集对象，以“保证金”或“扩股”的形式向企业职工发放，以相当或高于同期贷款利率为主要投资吸引力，以休闲体育企业职工的凝聚力和科技创新力为主要价值依托。休闲体育企业内部集资的优点在于通过企业自身来解决初始发展的资金问题将省去通过国有金融机构获得贷款的烦琐程序，从而节省了融资的时间；这种资金融通方式有明确的股权证作为资金入股证明，员工闲置资金的使用效率明显提高。休闲体育企业内部集资模式的缺点是把企业职工的利益和企业的利益绑在一起，容易出现“牵一发而动全身”的尴尬境遇。比如，一旦发生股权纠纷，职工的利益将受到巨大损失；企业一旦因经营不善破产或倒闭，就会引起较大范围的社会影响，不利于社会稳定。

3.3 休闲体育产业其他融资模式

近年来，随着第四次科技革命进程的加快，借助互联网技术发展起来的体育休闲企业越来越多，其中一些互联网体育企业也通过众筹融资模式、网贷模式和区块链模式等获得了企业发展的初始资金。

3.3.1 休闲体育产业众筹融资模式

“众筹融资模式”，是指通过网络技术和实体企业经营进行资金募集的金融变迁形态。一般分为实体众筹融资模式和网络众筹融资模式。实体众筹与企业集资不同，与社会集资也不同，主要特点表现在筹资的额度差异、待筹资金的来源不同，资金募集方式不同，资金边际风险不同。网络众筹与实体众筹不同，主要表现在网络众筹的技术制约性和高风险性，一般来说，通过网络筹集到的休闲体育产业发展资金不具备无限连带的清算责任。众筹融资模式类似“众人拾柴火焰高”的社会力量集聚机制，但是通过众筹模式筹集到的资金额度往往较小，绝大多数休闲体育产业初期的众筹额度维持在 1 000—200 000 元，很少有企业筹集到百万元以上的资金；而且众筹融资具有“机会博弈”的特征，一旦投资失败，众筹参与者将面临血本无归的严重后果。所以，通过众筹模式筹集资金的方式，特别是通过网络众筹模式筹集资金的方式是有极大风险的，而且由于大多数众筹文化创意产业不开具资金募集有效凭证，追溯起来极为困难。

3.3.2 休闲体育产业网贷模式

所谓“网贷”模式是指通过网络的便捷性和快速性而产生的资金融通模式。比如，阿里巴巴推出的“花呗”模式就是一种典型的网贷模式，这种模式具有审核速度快、放款快、低门槛、额度适中等特点，因而受到在校大学生的欢迎，也受到中小休闲体育企业的青睐。但是，进入 21 世纪以来随着市场不规则化的深度延续和社会综合治理现代化进程的加速，导致了网贷模式的欺诈性、变相诈骗性和无限连带责任的滥觞而渐趋消解，一般中小休闲体育产业大多采取了其他类型的资金募集方式。从网贷模式的现实变迁来说，通过大数据技术和蚂蚁算法的网络 P1P、P2P、P3P、PTOP、B2B、B2P 等网贷模式产生了诸多网络犯罪问题。比如，2010—2016 年广为流行的“校园贷”模式尽管满足了部分高校学生的暂时资金需求，但也引发了诸多社会问题。更为重要的是，有些休闲体育企业也加入了网贷的“大军”，尽管满足了一时的“痛快”，但很快将企业推到了破产清算的边缘。这种情况已经引起了国家和社会各界的高度重视，正实施更加严厉的监督。

3.3.3 休闲体育产业区块链融资模式

受制于普罗大众知识视野和眼界修养水平的制约，绝大多数受众普遍认为区块链只是一种“创新欲望”的代名词，与实体经济形态的演化毫无关系。然而，一个不争的事实是发达国家的高校和科研院所普遍重视区块链（Bitcoin）资金融合机制的研究和元区块链科技创新机制的研究。事实上，根据美国麻省理工学院区块链技术研究中心的实验室记录，目前全球范围内广泛研究的元区块链技术主要包括哈希函数（HASH FANCTION）、默克尔拓朴树（Merkle Tree）技术、家族算法（SHA）技术和时间戳技术。伦敦政治经济学院教授 Hanaer Dsfenni 认为，快速发展的区块链技术为休闲体育产业融资提供了广阔的发展空间。区块链技术是以点对点传输、分布式记账、交互式加密、时间序列证明等为主要特征的大数据技术，“去中心化”、“不可篡改”、“易于追溯”和“可编程智能合约”是区块链技术的主要优势。近年来，伴随着大数据技术的飞速发展，区块链技术逐渐走进了我们的视野，融入社会生活。利用区块链技术进行融资的优势包括以下几个方面：一是可以降低银行定期存款基数，提高资金的流动性。二是可以让社会闲置资金发挥最大的经济效能。正如“水流不腐、户枢不蠹”的“水门”原理一样，利用元区块链技术可以实现虚拟货币的数字型集聚，让更多的风险投资获得最大的投资回报。三是可以改变货币的主权流动性陷阱，促进跨际贸易的发展。四是可以实现国家金融安全性和资金运作效率的双重目标。客观来说，研究区块链融资、利用区块链融资、参与区块链融资是 21 世纪休闲体育产业的不二选择。

3.4　休闲体育产业融资模式存在的主要问题

受产业结构调整、融资政策弹性、传统文化浸渍和法治约束机制的影响，我国休闲体育产业融资机制和模式普遍存在着产业融资渠道单一、核心竞争力普遍缺失、融资空间差异性显著、休闲体育上市公司关联交易舞弊和休闲体育产业融资专业技术人才匮乏等问题。具体又表现在以下几个方面。

3.4.1　休闲体育产业融资渠道单一

就休闲体育产业融资的总体演化路径来说，获取银行贷款是主要渠道，其他投融资模式占比非常有限。原因如下：第一，民间融资创新能力不足。创新是一个民族的灵魂，失去了创新意识和创新能力的民族只能是融资规模弱势的民族。正如希腊史学家迪拉斯所说的，没有一种创造性的活动是在极为狭窄的“制度空间”内潇洒完成的，就像“鸟儿失去了天空就如同鱼儿失去了水”，失去了自由自在的新鲜空气和辉煌灿烂的金色阳光，再有能力的企业发展人才也很难获得基本的发展机遇①。民间休闲体育企业普遍存在着资金规模和科研人才的桎梏，因此融资创新能力普遍较低，这也成为制约中小休闲体育产业发展的重大问题。第二，社会资金规模有限。尽管根据中国人民银行 2019 年年底的数据统计，我国可自由存取定期存款、活期存款、定活两便存贷款基数总额已经达到 100 万亿元，但是真正有意向用于休闲体育产业发展的民间零散资金非常有限。究其原因，一则是由于散户投资规模较小，难以形成规模优势；二则是由于民间集资可靠性极差，很多集资会演化为“群体性诈骗”案件；三则是各种形成的网贷更是加剧了民众“融资不作为”的心理恐惧，导致休闲体育产业民间融资机会的极度缺失。第三，国有银行“关系贷款”约束机制相对复杂。虽然普通民众希望通过正规途径获得银行发放的初始资金，但是根据国际社会的普遍经验，越是复杂的尤其是注入了金融科技行为（如微信、微商、微粮、腾讯、支付宝、E 支付、京东付、天猫支付、华联支付、银座支付）的资金支付模式越容易“被客户青睐”。第四，完善的国有银行贷款监督机制、全面的审批机制和完整的融资信息披露机制是休闲体育企业愿意从银行获得融资的主要原因。尽管有些银行贷款利息较高，但是可靠性和司法可追溯性是银

① ［希腊］迪拉斯．企业创新的驱动力研究 [M]. 雅典：希腊图书出版公司，2020.

行愿意放款和客户愿意申请贷款的“双面保障”。总体看来，休闲体育产业较为单一的投融资模式已经大大制约了该产业结构的调整和科技创新的能力，必须尽快加以改革。

3.4.2 休闲体育产业核心竞争力普遍缺失

所谓“核心竞争力”是指企业发展所依靠的根本性决定力量。这种力量不仅可以轻松获得比较收益和超额利润，而且可以不受时间和空间规则的限制。比如，美国思凯乐（SCALER）体育品牌的弹性鞋底技术，尽管阿迪达斯、361°和花花公子试图研发这一技术，但是受科研人才和时间成本的制约，大多数研发流于形式，最后皆是不了了之。客观来讲，中国休闲体育产业普遍缺乏上述“核心技术”，究其原因主要有以下三个方面：一是产学研生态断裂，二是财政补贴资金很难落实到位，三是核心竞争力是需要较长时间的持续性投资才能有所突破的技术创新。比如，生产攀登喜马拉雅山登山服的361°，该企业只有加快研发高保温、低湿气、通透性好、抗撕裂、抗冰雪的智能化电子登山服技术，才能抢占登山运动服装市场的一席之地，如果没有高度发达的“中央微处理器技术”（SCPU），这一创新是很难实现的，而生产SCPU技术的初始投资也要在万亿元之上，这个数目绝非一般企业所能支撑下来的。总体看来，核心技术竞争力的缺失已经成为中国休闲体育产业发展的重大阻碍，必须花大力气进行研发。

另外，休闲体育产业融资中介组织匮乏。中介组织又称为“纽带”和“桥梁”，没有这些凝聚高水平沟通人才和技术骨干的中间力量推动，休闲体育产业的发展会举步维艰；这些产业中介必须是独立的非盈利个体或者是组织，而且必须具有极高的文化水平和教育水平。总体上看，与休闲体育产业密切相关的产业中介如表3.1所示。对于休闲体育产业的发展来说，首要的或者说是最重要的中介关联产业是旅游业，原因是休闲旅游不仅关系到旅游服装、鞋帽、登山工具等的选择，还会带动服装业、交通运输业和餐饮业的发展。客观来说，没有旅行社的协助，体育休闲游是很难发展的，而有了各种导游、翻译、银企中介、餐饮中介、住宿中介、法律中介、外汇中介、货币中介和跨国中介的服务，休闲体育产业的融资规模和融资质量就会得到大幅度提升。可以说，休闲体育中介的作用是任何其他第三方组织均无法替代的。

表 3.1　休闲体育产业关联中介产业分布领域

关联产业	有效关联度	关联强度
运动服装业	0.116 2	较强
旅游业	0.332 8	强
交通运输业	0.112 9	较强
通讯信息业	0.080 9	较强
建筑工程业	0.072 5	较强
食品卫生业	0.022 6	一般
机械制造业	0.0121 8	一般
金融业	0.423 6	强

资料来源：国家统计局网站：http：//www.stats.gov.cn.

3.4.3　休闲体育产业融资存在着明显的空间差异化特征

我国东南沿海地区休闲体育企业的融资机会和融资规模远远高于中西部地区，南部地区的融资水平普遍高于北方地区。与此同时，休闲体育运动设备的分布也呈现出由东南沿海到西北内陆地区递减的态势。究其原因主要有两个方面：一是休闲体育政策的“平行同构性”。也就是说，各地采取了无差别的体育休闲政策，导致各地休闲体育企业的规模和发展质量参差不齐。二是地区特色线性化。许多少数民族地区的休闲体育旅游项目非常发达，但是那些带有浓厚地方特色的休闲体育项目很难获得正常的资金扶持。总体看来，我国休闲体育产业融资空间差异化特征主要包括以下两点。

1. 国内失衡

国内失衡具体表现为两个方面：一是国内各地区发展不平衡。就休闲体育产业融资规模和融资质量来说，沿海地区的融资质量普遍高于内陆地区的融资质量、东部地区的融资规模普遍高于西部地区的融资规模。其中，融资质量排名靠前的地区分别为广东省、上海市、北京市、山东省、河南省和湖北省；融资规模排名靠前的几个省份分别是广东省、上海市、浙江省、福建省、北京市和山东省。二是同一地区不同城市融资质量和融资规模差别较大。比如，珠三角地区是我国休闲体育产业发展最快的地区，2020 年粤西和粤北地区休闲体育产业融资额度占总融资额度的比例仅为 11.2%，而粤南和沿海八个城市的融资额度则占到了总融资额度的88.8%[①]，这说明同为休闲体育产业极为发达的地区，各内部区域之间的不均衡现象也是极为明显的。

2. 国际失衡

所谓“国际失衡”是指中国休闲体育产业融资明显落后于西方发达国家休闲体育产业融资的情况。客观来讲，中国休闲体育产业融资规模和融资质量与西方发达国家的差距至少在30年以上，时间序列的融资失衡必然产生不可预知的资金外逃和技术外溢并持续引发休闲体育产业的可持续发展困境。最终导致了经济实力越是雄厚的地区，休闲体育产业融资水平越高、融资规模越大；而经济实力较为薄弱的中西部地区休闲体育产业融资水平越低、融资规模越小。

3.4.4 休闲体育产业上市公司关联交易舞弊现象严重

“休闲体育产生产业上市公司关联交易”，是指休闲体育产业上市公司与该公司的关联人之间因为生产性业务或金融性业务所发生的各种交易行为和过程。广义上的“关联方”是指与休闲体育产业上市公司有利益关系的所有公司或个人，狭义上的“关联方”仅指在财务或经营决策中对休闲体育产业上市公司具有控制权或重大影响的公司或个人。根据中国上市公司财务数据库查询系统中公布的数据和中国证监会处罚规定公布的违规名单，结合上交所、深交所和财政部的处罚公告，联系《证券时报》《中国证券报》《上海证券报》和新浪财经、巨潮资讯所披露的数据，中国自2004—2014年在关联交易中存在财务舞弊行为的上市公司共211家，其中与休闲体育产业关联的上市公司有21家[②]。一般来讲，公开合法的关联交易是有利于休闲体育产业上市公司资产质量提升和核心竞争力提高的，但在某些时候关联交易中的财务舞弊行为不仅造成了企业资产的流失，还扰乱了公平竞争的市场秩序，损害了国家的税务管理制度。

1. 休闲体育产业上市公司关联交易舞弊类型

在“关联交易”中处于高位态势的“关联人”不但可以以自身独立的法人资格向上市公司输送优质资产和再融资资源，而且可以控制公司的定价机制和利润分摊机制并在利益分割中进行“黑箱式舞弊”。所以，要想真实了解上市公司实际营利能力和利润预期，必须先将各种关联交易舞弊指标从上市公司审计监督项目中剔除。因为如果掺杂进这些难以厘清的关联交易行为，休闲体育

① 引自《2020年中国统计年鉴》。

② 依据中国证监会颁布的《上市公司行业分类指导赋分标准》加以计算所得。

公司正常审计的风险将无限放大，甚至不可控制。一般来讲，发生在休闲体育产业上市公司运作领域的关联交易舞弊主要有以下几种类型。

（1）虚构交易事项型舞弊

虚构交易事项型舞弊，是指休闲体育产业上市公司的各级管理部门和人员为了操纵利润的分配所采取的虚构交易事项和财务作假的行为。就这些行为产生的内在机理来说，关联各方利益的驱动是根本原因；从实体公司运作的科技支撑框架来看，休闲体育产业上市公司资本的虚拟性质为财务舞弊创造了技术条件；从财务指标的样本数据看，企业盈利能力的下降必然促使公司管理层通过配股或增发新股的方式募集资金，这种募集资金的方式既简便快捷又能及时填补企业的利润空缺，在财务上可以达到中国证监会规定的增股要求，于是通过虚报财务数据的方式来实现现金流和审计流的“关联作弊”行为。值得注意的是，虚构交易事项型舞弊行为有且只有在关联方“合谋”的情况下才能发生，如果上市公司与关联企业之间没能就虚构交易事项所获得收益分配比例达成一致，这种虚构行为就不会发生；如果双方已经达成合作意向，但在新股和配股酝酿中出现了单方面的违约行为，那么这种交易行为也不会发生。

（2）价格偏移型舞弊

价格偏移型舞弊，是指休闲体育产业上市公司同关联企业之间为了实现利益的输送而实施的交易真实价值严重偏离市场公允价值的舞弊行为。“价格偏移型舞弊”广泛存在于商品采购和销售、资产买卖或重组、股权转让和投资等方面。其中，发生在商品购销领域的价格偏移型舞弊行为多与休闲体育产业上市公司的大股东和实际控制人紧密相关；发生在资产组合领域的价格偏移型舞弊行为多与国有资产评估公司和私人资产评估公司有关，这些资产评估公司依据国家公权力所做出的资产质量报告往往决定着休闲体育产业上市公司的未来走向和发展前景；发生在股权领域的价格偏移型舞弊行为多与休闲体育产业公司董事会的股权转让机制有关，有些公司为了鼓励员工积极性而增发的内部股权、各董事为了支持具有亲缘关系的关联企业而私自转让的上市公司“蓝筹股”都隐含着价格偏移型舞弊行为的萌芽和机会。从近年来休闲体育产业上市公司舞弊行为的统计数据来看，价格偏移型舞弊行为在制造业上市公司中最为常见。从这一行为发生的内在机理看，追求休闲体育产业上市公司和关联各方利益的稳定性是根本原因；就外在目标来说，追求休闲体育产业上市公司主营业绩的财务指标，使上市公司保持良好的外在形象和投资吸引力是主要的目的；就上市公司实体经营的基本面来说，价格偏移型舞弊只是上市公司为了规避企业经营的真实状况和主营利润逐步下降的事实而采取的虚假性财务舞弊行为，这种行为只是改变了商品、资产和股权在时空上的存在属性，并不增加上市公司和关联企业的实际利润，大多数经常性的企业利润依赖配股和增发新股等途径获得。

（3）委托经营型舞弊

从法理上讲，“委托经营”是指受托人接受委托人的委托，按照当事各方事先约定的合同条款，以休闲体育企业的产权和经营权作为委托标的，对陷入经营困境或发生重大产权关系变动的企业实施托管经营的现象和过程。从我国企业发展的实际状况看，委托经营可以改善企业的经营管理水平，提高企业的长期营利能力。但从企业委托管理的现实发展来看，各种形式的委托经营往往存在产权界定模糊、受托资产质量评估不实、担保资产财务造假、合同执行漏洞百出、社会征信评价较低、道德成本过高等突出问题。就上市公司的财务管理来说，委托经营型舞弊是企业在关联交易中经常出现的违规行为。所谓“委托经营型舞弊”是指上市公司及各关联方依据我国在委托经营领域法律规定方面的漏洞，所采取的通过财务造假进而剥离不良资产、实现企业经常性盈利的行为和过程。具体又表现为四种类型：一是休闲体育产业上市公司以较少的合同委托费用受托经营关联企业的优质资产并将优质资产经营所获得的收益划作上市公司收益的舞弊行为。这种行为具有形式上的合法性和实质上的违法性特点。二是上市公司以较高的合同托管费将企业劣质资产交由关联企业进行经营从而实现剥离不良资产目的的财务舞弊行为。这种行为虽然暂时规避了经营不良资产的潜在风险，但并没有提高企业经营的真实质量和水平。三是休闲体育产业上市公司为了将利益转移到关联企业，将企业优质资产交给关联企业运作而自己只象征性收取费用的舞弊行为。这种舞弊行为多发生在上市公司业绩上升阶段，其实质性的目的是实现优良资产的亲缘化转移。四是上市公司为了减少关联企业的运作风险，受托经营关联企业的劣质资产并承担关联企业经营亏损的财务舞弊行为。上市公司之所以会通过舞弊来袒护关联企业，就是因为上市公司和关联企业之间长期形成的“鱼水关系”。托管亏损企业自然不会盈利，而且还要投入大量的资金，但这些投入相比上市公司的前途和命运来说，是微不足道的。

（4）费用分摊型舞弊

休闲体育产业上市公司和关联企业之间经常因为业务上的往来而产生各种各样的费用，如何分摊这些费用不仅关系到关联企业的生存和发展，还直接影响到上市公司的主营业绩和净利润。现实中，大多数的上市公司都会把关联企业作为费用调节的“蓄水池”，当上市公司业绩良好的时候，休闲体育产业上市公司就会多支付关联企业费用；反之，当上市公司业绩下滑的时候，休闲体育产业上市公司就会少支付关联企业的费用，借此来均衡上市公司和关联企业的财务费用，并维持上市公司和关联企业的和谐“共赢”。费用分摊型舞弊，是指发生在上市公司和关联企业之间在费用平衡或分摊过程中的舞弊行为。具体做法：在管理费用的分摊领域，当休闲体育产业上市公司处于上升阶段时，无论是关联企业的管理费用还是上市公司的管理费用均由上市公司支付，当休闲体育产业上市公司因经营不善而导致主营利润下降时，休闲体育产业上市公司为了维持自身的外在形象就会少支付关联企业甚至不支付关联企业的管理费用，借此来给公众制造企业利好的“假象”；在广告费用的分摊领域，当上市公司和关联企业的产品相似时，上市公司就会通过广告费用的分摊比例来调节费用，这主要发生在快销行业，因为快销行业的广告费用占公司所有费用的比例很大。之所以说上市公司和关联企业之间费用分摊过程中必然存在舞弊行为，就是因为上述费用分摊过程是在财务账面上无法审核，而在实际资金流动中经常发生的违规行为，这种行为所制造的外在假象很难在合法的财务管理中加以识别，必须在财务账户之外寻求审计的突破口。

2. 休闲体育产业上市公司关联交易舞弊的危害性

根据中国证监会关于关联交易行为的有关规定，凡是在关联交易中为了规避法律惩罚、有目的地转移休闲体育产业上市公司优良资产的行为都是国家审计署规定的财务舞弊行为，都是违法行为。总体来看，休闲体育产业上市公司和关联企业之间交易舞弊行为的危害性主要表现在以下几个方面。

（1）关联交易中的舞弊行为必然侵害中小投资者的利益

在虚拟资本市场上，中小投资者构成了股票流通的现实承载主体，也就是说正是广大中小股东的支持和参与，才使中国股市在经济体制纵深改革的进程中逐步发展和完善。在现实的资本市场上，中小投资者大多是金融海洋中的“小鱼”，它们是利益博弈中的“弱势群体”，必须引起重点关注。

（2）关联交易中的舞弊行为必然侵害债权人的利益

休闲体育产业上市公司虽然具有企业合法经营管理的权利，但也要承担带领企业逐步盈利、最终偿还投资者成本的义务。虚构的关联交易使关联各方的行为披上了“合法”的外衣，这种交易行为虽然具备了财务管理上的合法手续，但由于没有实质性的交易行为，必然出现财务审计上的数据和关联交易中的数据之间完全不符的现象。这种舞弊现象比休闲体育产业上市公司收入舞弊现象更加隐蔽和难以察觉，所以更应该引起资产管理部门和证券监管部门的注意。从近年来所出现的各种舞弊行为来看，关联企业通过关联交易侵吞公司资产或利用公司为其债务担保，就会使公司资产减少或处于高风险状态，从而令债权人的债权无保障，必然破坏交易安全。

（3）关联交易中的舞弊行为必然造成国有资产的流失

对于休闲体育产业上市公司来说，股权代表着国有资产的所有权，拥有股权就意味着拥有了国有资产的合法经营许可。但休闲体育产业上市公司和关联企业之间的股权交易舞弊行为却造成了股权价值的“慢性贬值”。现实中大多数的休闲体育产业上市公司和关联企业之间会以完全偏离公开股权市场价格的价格来进行交易，这些以股权作为交易客体的行为，导致了关联企业可以以较低的价格获得更多的股权价值，而休闲体育产业上市公司则以公司奖惩制度或资产配置机制，又将优质股权转让给关联企业的经营者，这样企业资产就会在悄无声息的舞弊行为中逐渐流进具有亲缘关系的关联企业所有者手中，造成企业资产大量流失。

（4）关联交易中的舞弊行为严重破坏了国家的税收制度

根据税法的规定，任何发生在中华人民共和国境内的实体性交易和虚拟性交易（各种电算化式交易、电商交易、电子银行交易、网络交易、电子商务交易、公务管理数据化交易等）都应该按照税法的税率要求缴纳各种营业税、个人所得税和增值税。但税务管理现实中，仍然存在着实际的逃税和漏税行为。在这些行为中，关联交易中的舞弊行为脱离了国家税收政策的约束，助长了不公平税收管理理念的盛行。这些逃税漏税行为是以故意逃避为思想导向、以损害国家财政收入为真实目的、以交易舞弊行为为表现形态，事实上造成了国家税收的流失、扰乱了公正合理的国家税务政策、破坏了国家的税收制度，是一种极为隐蔽的违法行为。

3. 规避休闲体育产业上市公司关联交易舞弊的措施

关联交易是休闲体育产业上市公司进行财务舞弊时常用的手段，关联交易舞弊行为发生的频度极高，交易的数额巨大，大多数通过资本市场融资后的休闲体育产业上市公司实际控制人都会出现向国外转移资产和向国内优质盈利领域输送优质资产的倾向。很多公司会直接或变相隐瞒关联方的信息和数据，这给查处带来了巨大的困难。总体来看，结合我国股市监管的各项政策，控制休闲体育产业上市公司关联交易舞弊行为必须从基于风险导向的审计模式开始，跳出传统审计的思路，注重以下几个方面的问题。

（1）注重对关联交易外数据的审计

尽管休闲体育产业上市公司在关联交易中存在舞弊行为，但由于能够发现这些行为的人主要集中在公司的底层，如一线的会计人员、工作人员、杂务人员和编外人员，这些人员既不具备全面揭露舞弊行为的能力，也不具备揭发财务舞弊行为的机会，因此要想通过上市公司和关联企业员工来披露交易舞弊行为几乎是不可能的事情；休闲体育产业上市公司和关联企业的中高层管理者由于直接或间接参与了交易策略和定价机制的制定，必然会成为交易舞弊行为的“共谋者”，受利益链制约原理的影响，他们更不会深刻揭露这些舞弊行为；公司的控制人和重大影响者往往是交易舞弊行为的始作俑者和最终获利者，因此他们更不会“自毁长城”。由此来看，要想有效控制上市公司关联交易中的舞弊行为，必须抛开财务管理的表面账目，到关联交易的账务以外寻求线索。之所以这样做，是由于任何关联交易舞弊行为都具有偶发不可控制的运作风险，舞弊当事人为了最大化规避风险都会采用电子银行转账的方式将上市公司账面资金以正常的转账手续转移到关联公司名下，关联公司再以其他支出的方式将资金转移到上市公司实际控制人的亲戚或指定联系人的名下，于是国有资产通过合理的流转进入个人的账户。这个过程可以说是天衣无缝，但只要审计署派来的人员具备最起码的审计常识，秉公执法、不徇私情，只要法院和审计署人员密切配合，查处上市公司关联交易舞弊行为就只是个时间问题。在查处过程中，要密切关注对关联交易外数据的审计，如为了配合这种虚构的交易行为，其他的数据也会有所变化，如运输费、生产成本的增加。另外，对实名注册公司亲缘关系人账户的披露也非常重要，因为这直接关系到资产流失的去向和数额，也关系到追回国有资产的可能性和现实性。

（2）注重对上市公司资产质量的长期监督和审计

对以资产作为转购客体的关联交易舞弊行为的查处要依法进行，根据《中华人民共和国国有资产管理办法》的有关规定，上市公司的不良资产必须经过国家授权的资产评估机构出具《资产质量报告书》后，才能实现剥离。但现实中上市公司在剥离不良资产时往往采取了幕后舞弊的行为，即先向资产评估公司的主管经理行贿，然后制造一本含有虚假财务数据的账单，配合资产评估公司的公章和虚构的《资产质量报告》一起报中国证监会审核；从表面审计结果看，此交易过程没有任何纰漏，也符合国家审计细则的规定和要求，但通过对上市公司的长期财务指标观察必然会发现各种问题，如果借此追查，幕后交易舞弊行为就会浮出水面。注重对上市公司的审计监督还必须首先厘清上市公司的各种关联关系，审查的时候要更多关注那些没有披露的关联关系。其次要注重对客户背景的分析和识别，要在有效辨析关联交易的前提下审查交易的合法性、合理性和真实性。要向管理人员咨询管理交易的目的和定价策略，要检查关联交易的所有原始凭证，要核实关联交易行为是否得到了股东大会的授权，要仔细核对财务报表中关联交易的时间、数额等信息。只有这样，才能有效控制上市公司关联交易中的舞弊行为。

（3）引入人格否认制度，加强诚信制度建设

“人格否认制度”，是指对已经发现的关联交易舞弊行为者（休闲体育产业上市公司和关联企业法人代表）采取的道德追偿制度，也就是说如果在关联交易中出现舞弊行为，证券监督机构就可以以“人格污点”为由做出相应的经济处罚，处罚的力度要足以震慑此类违法行为的再次发生。西方发达国家有些经验值得我们借鉴。例如，美国推出了职业忠诚宣誓制度，指出休闲体育产业上市公司实际控股人必须对公司及其他股东尽到忠实的义务。根据这一制度，在关联交易中股东不得为自身利益或集团利益而损害公司或中小股东的权益。再如，为了保证交易的客观公正性，英国证券监理机构还推出了股东表决权排除制度。上述规约措施从制度上限制了上市公司和关联企业之间的违规舞弊行为，对引导我国股票市场的规范运作和推动资本市场的良性发展具有重要的参考价值和借鉴意义。

3.4.5 休闲体育产业缺乏专业融资技术人才

休闲体育产业是一个专业性很强的复杂产业部门。目前，我国休闲体育产业专业人才非常匮乏，总缺口维持在 100 万人左右。具体表现在三个方面：一是高校休闲体育融资专业人才极端缺乏。比如，尽管中国有 21 所体育类高等院校将“休闲体育”作为本科专业，但是从事休闲体育教学和研究的师资却十分短缺，真正有“休闲体育”融资专业技能的人才更是凤毛麟角。二是休闲体育专业在课程体系、学科划分、学时安排、成绩考核和在线教学方面均存在不同程度的问题。如果休闲体育专业门类划分不科学、人力资源配置不合理、跨际人才队伍引进严重不足，那么我国休闲体育产业融资水平将会大受影响。休闲体育产业融资管理人才的严重短缺已经成为阻碍休闲体育企业融资规模和融资质量提升的障碍。三是休闲体育专业培训机构偏少。一般来说，休闲体育专业社会化的一个重要途径是“民办培训机构多样化”，具体又表现为培训机构数量增多、培训科目多元、培训人才多样、培训方式国际化。但是，就目前我国休闲体育产业融资的基数来说，依靠培训宣传募集到的初始发展资金非常有限，依靠培训机构人力资源存量募集到的资金更是少之又少。由此可见，休闲体育产业融资人才的匮乏已经成为体育产业社会化和体育融资市场化的障碍。

第 4 章　休闲体育产业融资水平评价指标体系及区域性评价

在国家大力整治生态环境问题的时代背景下，休闲体育产业同样面临着保护“青山绿水”的重要责任。对于以生产休闲运动产品、休闲服装产品、休闲设备、休闲残障产品为主要商品形态的休闲体育企业来说，降低单位产品的碳排放、减少生产废料对空气和水质的污染、加快废渣的回收再利用、建立生态环境的补偿机制，必须严格遵循本章构建的融资评价指标体系的要求，要把“大美生态环境”的保护作为融资行为的基本价值目标和重要归宿，努力构建环境优美、生态和谐、可持续发展的美丽中国。本章主要介绍了休闲体育产业融资水平指标体系构建的原则、休闲体育产业融资水平指标体系权重和休闲体育产业融资水平实证测度等。

4.1　休闲体育产业融资水平指标体系构建原则

没有科学的融资评价指标体系就没有休闲体育产业的健康发展，也就没有生态体育社会的和谐发展和人类休闲文明的稳步推进。基于此，我们按照以下原则构建休闲体育产业的融资水平评价指标体系。

4.1.1　可得性原则

可得性原则，是指我们所构建的每一项评价指标所用的数据都是从调研或官方资料中得到。正如萨缪尔森说的，“在依靠数据自身说话的时代，最好的定性评价蕴含在调研数据的谦逊统计和低调引用过程中。没有精确的数据就没有严格的数量经济学”①。可见，标明精准出处的指标数据是实证研究的重要前提和基础。

① ［美］萨缪尔森 . 政治经济学原理［M］. 北京：商务印书馆，2001.

4.1.2 可分类原则

可分类原则，是指我们所构建的评价指标体系都是可以进行分类梳理、分类存储、分类管理、分类评价的，而不是相互包含、相互融合的一体化指标体系。根据国际上体育休闲产业投融资指标体系构建的一般原则，定性化分类和定量化分类是数据实证的基本要求，也是逻辑分析的基本前提；从类型学自身的演化规律来看，分门别类也符合人类的最佳记忆技巧，不同的分类能够产生不同的结论，不同的分类能够激发研究者不同的创造灵感，体育类型学已经成为研究体育休闲产业投融资模式的基本原则和理论。

4.1.3 可编码原则

可编码化是科学研究的重要基础，也是第四次科技革命浪潮带给人类的最大贡献。从本质上看，高度发达的大数据技术和元算法技术，甚至区块链技术都是可编码化的技术，都建立在对各种数据“明码标价”的基础之上。“明码标价”，是指对云算法矩阵和区块矩阵的纵横列标识技术，这一技术的最前沿应用主要表现在股票交易系统的身份识别系统、基金买卖系统的层级识别技术、期货炒作的静态标识技术、期指系统的智能记忆技术、债券系统的时间戳证明技术、保险系统的多元标识码技术、物流系统的斜点交叉技术等。可见，对于休闲体育产业融资变迁来说，离不开编码技术的支撑。因此，可编码化原则也是研究休闲体育产业投融资评价指标体系的基本原则。

4.1.4 可计量原则

从国际上体育休闲产业投融资模式变迁的一般规律来看，各级各类指标体系的可计量原则是这一领域研究的必然选择。那些没有实证分析就仓促做出定性结论的研究不具备普遍意义。

4.1.5 梯度原则

梯度原则，是一级指标体系、二级指标体系、三级指标体系之间所存在的梯度变化基本原则。也就是说，一级指标体系应该涵盖二级指标体系、二级指标体系应该涵盖三级指标体系，各级指标体系之间必须是相互联系的，尽管各变量在形态上是相互独立的，但是在级别上应该是上级驾驭下级、下级驾驭基础数据的。我们所构建的指标体系都是建立在梯度原则基础之上的。

4.2　休闲体育产业融资水平评价指标体系

休闲体育产业融资评价指标体系的建立对科学评价该产业的发展现状和未来趋势具有重要意义。李建、卢冠明、胡玲莉和周瑜清（2018）采用层次分析法构建了电子商务与体育金融结合的评价指标体系；谢宁、张维（2020）对浙江中部地区的三家银行网站数据进行了实证分析，发现国有商业银行支持休闲体育产业的力度正在逐渐增大；郑玉（2019）分析了金融产业融资水平的现状，指出民办金融支持休闲体育产业的水平也呈现累积增长的态势；陈勤构建了业余体育俱乐部投融资体系的测度方法，指出休闲体育俱乐部融资构成了我国官商联合融资的主导性特征，比如各种足球俱乐部、篮球俱乐部、排球俱乐部、乒乓球俱乐部等，这些以休闲养生为目的的俱乐部采取了多样化的融资模式，其创投融资效果显著；还有学者以贵州喀斯特山地运动为范例分析了休闲体育产业的融资模式问题，指出以山地运动为特色的休闲体育产业必须充分利用市场驱动获得内源性资金和外源性帮助，在休闲体育产业的种子期和初创期要充分发挥政府主导的“孵化器”作用，在发展中期要形成休闲体育产业融资模式的多元化，要以产业集群拉动融资模式创新（高宇驰，2014）。我们参照刘晓明（2019）、张锡坤（2018）的研究，结合中国休闲体育产业发展的实际状况，拟构建休闲体育产业投融资水平评价指标体系，以期发现休闲体育产业投融资的优势和短板，进而促进中国体育事业的健康发展。

4.2.1　休闲体育产业融资指标体系定义及标识

根据危思思（2016）等人的研究，结合中国休闲体育产业蓬勃发展的实际情况，我们拟构建包括 6 个一级指标、16 个二级指标和 40 个三级指标的综合性评价体系。该体系具有信息量全面、主成分选择合理、便于分类评价的特点，各指标定义及标识如表 4.1 所示。

表 4.1　休闲体育产业融资水平评价指标体系

一级指标	二级指标	三级指标	指标标识
融资政策指标（A 1）	财政政策（B 1）	积极财政政策（政策文件的数量，件）	X 1
		消极财政政策（政策文件的数量，件）	X 2
		中性财政政策（政策文件的数量，件）	X 3
	产业政策（B 2）	产业扩张政策（产业扩张速度，%）	X 4
		产业稳定政策（产业稳定政策数量，件）	X 5
		产业紧缩政策（产业紧缩政策数量，件）	X 6
	货币政策（B 3）	扩张性货币政策（扩张性货币政策数量，件）	X 7
		紧缩性货币政策（紧缩性货币政策数量，件）	X 8
	贸易政策（B 4）	积极贸易政策（积极贸易政策数量，件）	X 9
		稳定性贸易政策（稳定性贸易政策数量，件）	X 10
		保守性贸易政策（保守性贸易政策数量，件）	X 11
融资质量指标（A 2）	休闲体育产业自我破产率（B 5）	官办休闲体育产业自我破产率（%）	X 12
		中小休闲体育企业自我破产率（%）	X 13
	休闲体育产业外向依赖性（B 6）	紧致型外向依赖性（外向依存度，%）	X 14
		松散型外向依赖性（外向依存度，%）	X 15
	休闲体育产业融资征信评级（B 7）	优等征信评价（91—100 分）	X 16
		中等征信评价（61—90 分）	X 17
		劣等征信评价（0—60 分）	X 18
融资规模指标（A 3）	官办融资规模指标（B 8）	官办资本占比（%）	X 19
		休闲体育产业 A、B 上市融资规模（万元）	X 20
		其他内源性官办融资额度（万元）	X 21
	民办融资规模指标（B 9）	民办资本总额度（万元）	X 22
		民办休闲体育企业三版上市公司数量（家）	X 23
		民办休闲体育企业其他融资额度（万元）	X 24

续 表

一级指标	二级指标	三级指标	指标标识
融资风险指标（A 4）	融资法律风险（B 10）	特定时期融资纠纷案件比例（%）	X 25
		特定时期融资纠纷案件结案比（%）	X 26
	融资环境风险（B 11）	融资政策冲突比（%）	X 27
		自然灾害破坏力（%）	X 28
	融资道德风险（B 12）	企业融资管理人员道德标兵占比（%）	X 29
		企业员工优秀劳动模范占比（%）	X 30
融资合理性指标（A 5）	融资渠道合法性（B 13）	制度化融资额度占比（%）	X 31
		非制度化融资额度占比（%）	X 32
		半强制性融资占比（%）	X 33
	融资方式伦理性（B 14）	非法集资占比（%）	X 34
		不可赎回式众筹融资占比（%）	X 35
融资生态性指标（A 6）	融资包容性（B 15）	融资程序出错概率的包容程度（%）	X 36
		实体融资出错概率的容忍机制（%）	X 37
	融资生态性（B 16）	融资企业的环保指数（%）	X 38
		融资企业的生态补偿指数（%）	X 39
		融资企业的环境共生指数（%）	X 40

4.2.2　休闲体育产业融资指标体系说明

1. 关于融资政策指标的说明

有研究表明，一个国家的财政政策、产业政策、贸易政策和货币政策都会对整个金融体系产生影响并由此影响所有参与融资企业的融资水平（Gurley T G，1955，1956，1960；张峰，2015）。基于此，我们将这四个指标分别定义为影响休闲体育产业融资水平的宏观政策因素，并分别表示为 B1、B2、B3、B4。虽然国家政策因素对休闲体育产业融资水平的提高有着间接影响，但是这种影响是不可小觑的，因为一个国家或地区的宏观经济政策直接决定这个国家或地区金融投资的基本方向和投资力度，如当金融政策极力支持休闲体育场馆建设的时候，与之相关的休闲体育企业就能够比较容易获得银行的贷款支持和利率优惠，与此同时民办资本会伺机寻找经济增长点，从而导致该行业的兴旺发达。为了更加详细地描述政策因素对休闲体育产业投融资水平的影响，我们又构建了11个三级指标，其中“财政政策”又分为“积极性财政政策”、“消极性财政政策”和“中性财政政策”三种类型。所谓“积极性财政政策”是指政府相关部门通过的各种积极支持休闲体育产业发展的财政政策。一般来说，这方面的政策文本越丰富，国家和政府支持休闲体育产业发展的决心越大、资金支持力度越大。所以，我们以“积极性财政政策文本的数量”作为衡量积极性财政政策的基本标准。所谓“消极性财政政策”是指政府相关部门通过的各种不支持休闲体育产业发展的财政政策。一般来说，这方面的政策文本越丰富，国家和政府支持休闲体育产业发展的决心越小、资金支持力度越小。所以我们以“消极性财政政策文本的数量”作为衡量消极性财政政策的基本标准。所谓“中性财政政策”是指政府相关部门通过的各种“介于积极和消极之间徘徊的”促进休闲体育产业发展的财政政策。一般来说，这方面的政策文本越丰富，国家和政府支持休闲体育产业发展的决心越不明朗、资金支持力度弹性越大。所以，我们以“中性财政政策文本的数量”作为衡量中性财政政策的基本标准。中性财政政策往往存在于国家和社会发生重大事件的时候，如重大自然灾害的时候、对外关系发生重大变化的时候、国际军事环境风云突变的时候和政权更迭的关键时期等。在产业政策方面，我们构建了3个指标，即“产业扩张政策”、“产业稳定政策”和“产业紧缩政策”指标，其中以“产业扩张速度”作为扩张性产业政策的衡量标准，以积极性或者消极性产业政策文本的数量作为衡量“产业政策积极性和消极性”的衡量标准。在货币政策和贸易政策方面，同样以“政策正式文本的数量”作为衡量标准。

2. 关于融资质量指标的说明

融资质量，是指休闲体育产业生产经营过程中出现的“自我破产率”水平、“外向依赖性”水平和融资征信评价问题。所谓“自我破产率”（B5），是指休闲体育企业或者公司因为自身经营不善引起的破产数量或者破产规模占比的加权平均和，国际上一般用“特定时空范围内休闲体育企业破产数量除以休闲体育企业总数量”或“特定时空范围内休闲体育企业破产规模除以休闲体育企业总规模”来表示，用公式表示：

$$R_{time,space}^{self-bankruptcy}=\frac{1}{2}\left[\sum_{i=1}^{n}QUANTITYBANKRUPTCY_i\cdot 100\%+\sum_{i=1}^{n}CAPITALBANKRUPTCY_i\cdot 100\%\right]$$

其中，$\sum_{i=1}^{n} QUANTITYBANKRUPTCY_i$表示特定时空范围内休闲体育企业破产数量和休闲体育企业总数量的比值；$\sum_{i=1}^{n} CAPITALBANKRUPTCY_i$表示特定时空范围内休闲体育企业破产规模和休闲体育企业总规模的比值，将这两个数值加权后得到休闲体育产业融资质量的“自我破产率”指标。在此基础上，我们构建了“官办休闲体育产业自我破产率”指标和“中小休闲体育产业自我破产率”指标并分别表示为X 12 和X 13。一般来说，自我破产率越高说明该休闲体育企业的经营效率越低，融资质量越不好；自我破产率越低说明该休闲体育企业的经营效率越高，融资质量越好。所谓“外向依赖性”（B 6），是指休闲体育企业自身经营流动资金的外部依赖程度和固定资金折旧的外向依赖性，一般用百分数表示。该指标越高说明企业的外向依赖性越高，企业融资的整体质量越低；该指标越低说明企业的外向依赖性越低，企业经营基本面越好，因此企业融资的整体质量越高。根据外向依赖性的强度又可以分为两类，即“紧致型外向依赖性”指标和“松散型外向依赖性”指标，分别表示为X 14 和X 15。所谓“休闲体育产业融资征信评级”（B 7），是指该休闲体育产业在国家征信评价部门中的诚信整体得分，根据分数的不同可以分为三个等级，即“优等征信评价”、“中等征信评价”和“劣等征信评价”。如果分数低于 60 分则一般被认为是具有“老赖”性质的休闲体育企业，这类企业的融资质量普遍不高，延期或者拖欠银行贷款的事情时有发生。

3. 关于融资规模指标的说明

我们设定“官办融资规模”（B 8）和“民办融资规模”（B 9）2 个二级指标，其中“官办融资规模”又可以分为“官办融资占比”“官办休闲体育企业A、B 股上市规模”“官办休闲体育企业其他内源性融资额度”3 个三级指标，这 3 个指标数据均可以通过相关统计年鉴获得；“民办融资规模”又可以分为“民办资本总额度”“民办休闲体育企业三版上市规模”“民办休闲体育企业其他融资额度”3 个三级指标，这 3 个指标数据均可以通过相关统计年鉴和政府金融公报获得。在具体的实证分析中要对这些数据进行对数化处理，以消除量纲差异对回归结果的影响，保证实证分析的稳健性和回归结果的合理性。

4. 关于融资风险指标的说明

从本质上看，任何融资都是具有内外部风险的融资，休闲体育产业的融资同样需要风险资本的支持。基于此，本章将融资风险指标划分为“融资法律风险”（B 10）、“融资环境风险”（B 11）和“融资道德风险”（B 12）3 个二级指标，其中“融资法律风险”以“特定时期融资纠纷案件比例”和“特定时期融资纠纷案件结案比”2个三级指标加以衡量，相关数据来源于各级司法局网站和国家司法审判公报；“融资环境风险”由“融资政策冲突比”和“自然灾害破坏力”为主要衡量指标，其中“融资政策冲突比”是指各级各类融资政策之间相互冲突的比例，根据问卷调查和政策冲突学的基本原理加以计算。一般来说，政策冲突比超过了30%就意味着整个金融体系的融资风险较高，不适合正式制度下的内源性融资。当融资政策冲突比维持在5%及以下水平时，官办融资的可靠性较高，适合进行银行贷款。“自然灾害破坏力”是衡量重大自然灾害对休闲体育产业融资规模和质量影响的重要指标，一般来说，自然灾害维持的时间越长、影响的范围越广，那么其破坏力就越大。“自然灾害破坏力”指标相关数据来自国家地震局和联合国网站。“融资道德风险”指标主要用“休闲体育企业员工素质”加以有效度量，又分为“企业员工劳动模范的比例”和“企业管理人员道德标兵比例”2个三级指标。

5. 关于融资合理性指标的说明

融资合理性，是指休闲体育产业在融资指导思想、融资产品设计、融资程序推进、融资偿还机制、融资赢利预期、融资服务设施方面的合规性问题。根据合理性内涵的不同，“融资合理性”指标又可以分为“融资渠道合法性”和“融资方式合伦理性”2个二级指标。“融资渠道合法性”是指休闲体育企业获得的初创资金或者流动资本的来源是不是合法的。如果这种资金来源于非常规的渠道，那么这种融资就是“非制度化融资”。基于此，本章将“制度化融资规模占比”、“非制度化融资规模占比”和“半强制性融资规模占比”作为衡量融资合法性的主要指标，显然“非制度化融资规模占比”和“半强制性融资规模占比”是两个负向指标，也就是说这两个指标越高，说明该休闲体育企业融资渠道的合法性越值得怀疑。在具体的实证分析中，要根据负向指标的标准化公式对这两个指标进行标准化处理，否则回归结果可能存在互为因果的情形。“融资方式合伦理性”指标又分为“非法集资占比”和“不可赎回式众筹融资占比”2个三级指标，“非法集资占比”和“不可赎回式众筹融资占比”越高，该休闲体育企业融资方式越不道德，甚至存在违法犯罪的嫌疑，因此，这两个指标的变动幅度会随着融资水平的提高而逐渐下滑。

6. 关于融资生态性指标的说明

我们将休闲体育企业“融资包容性”和“融资生态性”作为衡量融资生态水平的指标，越是充满着包容的融资方式越容易在实践中得到推广，越是门槛较高的融资方式越难以在实践中得到实施。也就是说，休闲体育企业包容性融资模式和生态性融资模式是衡量融资生态属性的重要指标，分别被命名为B 15和B 16。其中，B 15 又可以分为“融资程序出错概率的包容程度”和“实体融资出错概率的容忍机制”2 个三级指标，分别被命名为X 36 和X 37；B 16 又可以分为“融资企业的环保指数”、“融资企业的生态补偿指数”和“融资企业的环境共生指数”3 个三级指标，分别被命名为X 38、X 39 和X 40。这几个指标的基础数据均来自中国金融统计年鉴和相关政府公报；环保指数来自环境保护部网站，生态补偿指数来自中央人民政府网站和中国商会网；融资企业环境共生指数（Symbiosis Index）来自英国剑桥大学官方网站，根据生态学家缪尔坦因（1990—2010）的研究和相关公式计算而来。具体计算公式如下：

$$I_i^{symbiosis}=\frac{\upsilon_i\sum_{i=1}^{n}CAPITAL_i^{relationship}+\eta_i\sum_{i=1}^{n}CAPITAL_i^{environment}}{\sum_{i=1}^{n}CAPITAL_i^{all}}$$

其中，$\sum_{i=1}^{n}CAPITAL_i^{environment}$表示休闲体育产业投入到环境治理和环境改善中的资本规模，$\sum_{i=1}^{n}CAPITAL_i^{relationship}$表示休闲体育产业投入到企业关系、人际关系和融资体制疏通中的资本规模，$\sum_{i=1}^{n}CAPITAL_i^{all}$表示休闲体育产业投入到生产运营中的资本总规模。$\upsilon_i$和$\eta_i$分别表示环境改善资本系数集和企业间关系投入系数集。融资企业环境共生指数是衡量休闲体育产业各内部融资节点之间、休闲体育企业融资与其他产业融资之间、休闲体育产业融资和自然资源生态利用之间相互作用、相互制约、彼此共生的互动关系指标。一般来说，融资企业环境共生指数越高，说明该休闲体育企业的融资水平越高；融资企业环境共生指数越低，说明该休闲体育企业的融资水平越低。也就是说，融资企业环境共生指数实际上包含企业与企业之间的关系、企业与自然环境的和谐关系两个方面的内容。

共生关联系数υ_i和η_i的计算方法如下：

$$Corelationship_i^{\upsilon_i,\eta_i}=\frac{\sum_{i=1}^{n}\frac{2\times corelationship-link_i^{real}}{Firmquantity_i^{all}(Firmquantity_i^{all}-1)}}{\sum_{i=1}^{n}\frac{2\times(corelationship-link_i^{real})^{biggest}}{Firmquantity_i^{all}(Firmquantity_i^{all}-1)}}\cdot 100\%$$

其中，$corelationship-link_i^{real}$表示融资共生链实际数量，$Firmquantity_i^{all}$表示全部融资企业数量，$(corelationship-link_i^{real})^{biggest}$表示融资产业链最大数量。该系数越大，说明休闲体育产业融资的环境共生性水平越高；反之，则越低。

4.3 休闲体育产业融资水平测度方法

评价休闲体育产业投融资服务水平可以采用多种方法，国际上比较通用的方法有指数平滑法、层次分析法、普惠金融指数法和包络分析法。其中普惠金融指数法主要考察区域融资服务水平的高低，因而成为区域融资差异性比较的常用评价方法。我们在分析休闲体育产业融资服务水平差异性方面将基于数据本身的特点和实证描述的方便，灵活采用上述分析方法。

4.3.1 指数平滑法（ES）

任何投融资指标体系的建立都必须以真实的数据作为支撑，但是采用问卷调查法所得到的数据往往具有很强的时间性，所以美国哈佛大学教授 Sanfagtt 和 Qiongfee（1989,1991,2011）就明确指出在确定指标权重之前，必须对数据进行查漏补缺，对于缺失的数据要采用指数平滑法（Exponential Smoothing）加以填补，我们采用三次指数平滑法来补充缺失年份或者月份的数据。三次指数平滑法本来是用于预测未来经济发展趋势和政策走向的一种方法，但是对于我们研究的休闲体育产业来说同样适用。在数据填补过程中，我们首先构建三次指数平滑法的基础模型：

$$Smoothing_i^t = a_i y_i^t + (1-a_i)Smoothing_i^{t-1} (i=1,2,\cdots,n)$$

其中，i为计算次数，$Smoothing_i^t$为时间t的平滑值，$Smoothing_i^{t-1}$为时间$t-1$的平滑值；y_i^t为时间t的实际值，a_i为平滑常数，取值一般在 [0,1] 之间。当变量在某一时间序列内没有明显的趋势变化时，可以用一次指数进行平滑预测。其预测公式如下：

$$y_i^{(t+1)'} = a_i y_i^t + (1-a_i) y_i^{t'}$$

其中，$y_i^{(t+1)'}$为$t+1$期的预测值，即本期（t期）的平滑值$Smoothing_i^t$；y_i^t是t期的实际值；$y_i^{t'}$是t期的预测值，即上期的平滑值$Smoothing_i^{t-1}$。例如，指标数据中的“休闲体育企业自我破产率”在 2017 年存在数据计算不准确或者缺失的情况，那么我们可以根据 2009—2016 年的数据进行指数平滑，已知 2009—2016 年“休闲体育企业自我破产率”，如表 4.2 所示。

表 4.2　2009—2016 年休闲体育企业自我破产率统计

时间序列	2009	2010	2011	2012	2013	2014	2015	2016
自我破产率(%)	1.37	1.22	2.58	1.97	2.11	2.44	3.09	3.78

数据来源：中国产业经济网，2009—2016 年中国企业统计年鉴，中国体育协会网站。

如果利用一次指数平滑公式填补 2017 年缺失的数值，可以按照以下步骤实现：根据加权系数不同取值特点，设定$a=0.1, a=0.3, a=0.5$，并设定初始值为最早三个数据的平均值。以$a=0.1$的一次指数平滑计算为例，可以得到如下计算结果：

$$Smoothing^0=\frac{y_1+y_2+y_3}{3}=\frac{1.37+1.22+2.58}{3}=3.45$$

$$Smoothing^1=ay_1+(1-a)Smoothing^0=0.1\times1.37+0.9\times3.45=3.242$$

$$Smoothing^2=ay_2+(1-a)Smoothing^1=0.1\times1.22+0.9\times3.242=3.039$$

按照同样的方法分别计算$a=0.3$和$a=0.5$时的一次指数平滑数值，结果如表 4.3 所示。首先，总体上看 2009—2017 年中国休闲体育产业自我破产率呈逐渐增强的态势，这可能是因为虽然国家政策积极支持休闲体育产业的发展，但是现实中绝大多数财政支持资金都集中在大型国有休闲体育产业，中小休闲体育企业几乎没有任何财政上或政策上的实际优惠。不仅如此，处于弱势地位的休闲体育企业依靠自身资本积累的规模很难实现自我循环和自我更新，最终的结果是休闲体育产业融资能力和融资规模急剧下滑，企业自我破产率节节攀高。其次，2013 年是中国休闲体育产业自我破产率的重要“拐点”。在“市场导向和政策导向的多重博弈”中，休闲体育企业资金链断裂现象时有发生，导致 2013 年年初的较低自我破产率开始断崖式攀升，一次平滑指数、二次平滑指数和三次平滑指数的变化均表明了这一规律。最后，从 2013 年的三次平滑指数“低谷”到 2017 年的急剧攀升仅仅用了 5 年的时间，在这五年内休闲体育企业自我破产率呈现出单调递增的态势。这可能是因为休闲体育产业政策的“较低预期感”和“资本抽逃感”极大地制约了产业结构的优化和产业科技的创新，最终导致了大量资本外逃和内源性资金不足，于是企业破产清算就成为业内的新常态了。

表 4.3　2009—2017 年休闲体育企业自我破产率一次指数平滑值填充表

时间序列（t）	2009	2010	2011	2012	2013	2014	2015	2016	2017
自我破产率（y_t;%）	1.37	1.22	2.58	1.97	2.11	2.44	3.09	3.78	3.918
$smothing_t^1(a=0.1)$	3.242	3.309	3.224	3.551	2.987	3.886	4.101	4.203	4.277
$smothing_t^2(a=0.3)$	3.221	3.208	3.119	3.442	3.018	3.798	4.121	4.278	4.328
$smothing_t^3(a=0.5)$	3.019	3.227	3.335	3.419	3.216	4.117	4.271	4.552	4.664

数据来源：中国商业协会网站，中国商会公报，中国体育统计年鉴，中国体育协会网站，中华全国总商会年度休闲体育数据。

4.3.2　层次分析法（AHP）

休闲体育产业融资水平的测度是一个综合多种因素的多元评价工程。内在关系的复杂性、评价单元的多样性、影响因素的多元化使休闲体育产业融资水平测度可以选择层次分析法。所谓“层次分析法”是指根据评价指标体系复合属性特点设定的分层次递进评价方法。

首先，确定评价指标的目标层、准则层和方案层，从而初步构建起递进式的层次结构。一般分为单层次结构模型、双层次结构模型和多层次结构模型三种，现实中应用较多的是双层次结构模型（图 4.1）。

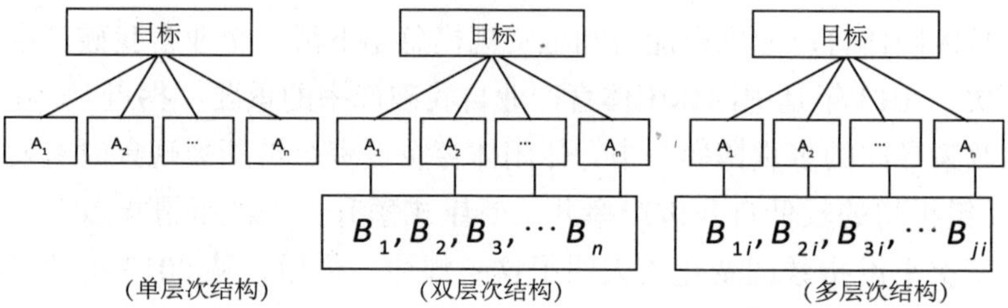

图 4.1　三种类型层次结构模型比较

其次，使用统计学界广泛使用的比例标度法将评价指标中的定性变量或者定类变量转化为数值变量（表 4.4）。

表 4.4　1—9 级比例标度法标识及指标定义

标　度	指标内涵
1	两个元素相比，第 n 个元素与第 m 个元素具有同等的重要性
3	两个元素相比，第 n 个元素比第 m 个元素稍微重要
5	两个元素相比，第 n 个元素比第 m 个元素明显重要
7	两个元素相比，第 n 个元素比第 m 个元素强烈重要
9	两个元素相比，第 n 个元素比第 m 个元素极端重要
2，4，6，8	上述相邻判断的中间值 mid
∀（倒数）	若第 n 个元素和第 m 个元素重要性之比为 a_{mn}，那么第 m 个元素和第 n 个元素之比为 $b_{mn}=1/a_{mn}$

最后，构造两两比较的指标判断矩阵：

$$\bar{X}=\begin{vmatrix} w_1/w_1 & w_1/w_2 & \cdots & w_1/w_n \\ w_2/w_1 & \cdots & \cdots & w_2/w_n \\ \cdots & \cdots & \cdots & \cdots \\ w_n/w_1 & \cdots & \cdots & w_n/w_n \end{vmatrix}$$

$$\bar{X}\cdot W=\begin{vmatrix} w_1/w_1 & w_1/w_2 & \cdots & w_1/w_n \\ w_2/w_1 & \cdots & \cdots & w_2/w_n \\ \cdots & \cdots & \cdots & \cdots \\ w_n/w_1 & \cdots & \cdots & w_n/w_n \end{vmatrix}\cdot\begin{vmatrix} w_1 \\ w_2 \\ \vdots \\ w_n \end{vmatrix}=n\cdot\begin{vmatrix} w_1 \\ w_2 \\ \vdots \\ w_n \end{vmatrix}$$

我们称 W 为 $\bar{X}$ 最大特征值的向量，记作 $W=(W_1,W_2,\cdots,W_n)^{\mathrm{T}}$。接着，对判断矩阵进行一致性校验。如果通过检验，则说明判断矩阵有效，可以进行指标分析；如果没有通过检验，则说明判断矩阵无效或者存在数据遗漏问题，需要重新对指标数据进行统计。在单层判断矩阵 $\bar{X}$ 中，如果 $x_{ij}=\dfrac{x_{ik}}{x_{jk}}$，说明判断矩阵为一致性矩阵，否则为不一致性矩阵；在双层判断矩阵中，如果 $x_{ij}^{1-2}=\dfrac{x_{ik}^{1-2}}{x_{jk}^{1-2}}$，说明判断矩阵为一致性矩阵，否则为不一致性矩阵；在多层判断矩阵中，如果 $x_{ij}^{1-n}=\dfrac{x_{ik}^{1-n}}{x_{jk}^{1-n}}$，说明判断矩阵为一致性矩阵，否则为不一致性矩阵。计算矩阵一致性指标（Consistency Index，简称 CI）的公式如下：

$$CI = \frac{\lambda_{\max} - n}{n - 1}$$

其中，n为判断矩阵阶数。接着计算平均随机一致性指标RI。RI是对判断矩阵特征值算数平均数进行多次重复计算后得到的一组量表，根据重复次数的不同，量表的取值也不同。Stiffy 教授创立的标度法在经过 10 000 次随机计算后得到的一致性量表如表 4.5 所示。

表 4.5　1—15 维判断矩阵 10 000 次随机取值量表

维　数	1	2	3	4	5	6	7	8	9	10	11	12	13	14	15
R.I	0	0	0.48	0.85	1.12	1.33	1.59	1.78	1.82	1.88	1.92	1.95	2.10	2.11	2.22

接着计算判断矩阵一致性比例CR。$CR = {CI}/{RI}$。当$CR \leqslant 0.1$时，一般认为判断矩阵的一致性是可以被接受的。当然，有些时候CR值稍大一点也不会影响判断矩阵的有效性。接下来，就要计算判断矩阵的向量和特征值。计算判断矩阵特征向量W和最大特征根$\lambda_{\max}$的方法有幂法、和法和平方根法，其中平方根法应用最为普遍。其具体步骤如下：

首先，计算出判断矩阵中每一行元素的乘积D_i：

$$D_i = \prod_{j-1}^{n} x_{ij}, i = 1, 2, \cdots, n$$

其次，计算D_i的n次方根：

$$\bar{W}_i = \sqrt[n]{D_i}$$

再次，对向量W进行归一化处理，得到：

$$W_i = \frac{\bar{W}_i}{\sum_{j=1}^{n} \bar{W}_i}, then$$

$$W = \left[W_1, W_2, \cdots, W_n\right]^{\mathrm{T}}$$

最后，计算判断矩阵最大特征值$\lambda_{\max}$：

$$\lambda_{\max} = \sum_{i=1}^{n} \frac{(AW)_i}{nW_i}$$

在充分赋权的基础上对各指标进行总排序，以期发现每一个层次下的单个因素相对于最高指标的重要性。一般我们定义CI为层次总排序一致性指标，

$CI=\sum_{i=1}^{n}x_i\cdot CI_i$，$CI_i$为$A_i$相对应的$B$层次中判断矩阵的一致性指标；$RI$为层次总排序随机一致性指标，$RI=\sum_{i=1}^{n}x_i\cdot RI_i$，$RI_i$为$A_i$相对应的$B$层次中判断矩阵随机一致性指标；$CR$为判断矩阵一致性比例，$CR=\frac{CI}{RI}$，一般$CR\leqslant 0.10$时，指标总排序结果具有较为满意的一致性。

4.3.3　普惠金融指数法（IFI）

普惠金融指数（Index of Financial Inclusion,IFI）越高，该地区的金融服务水平越高；IFI 越低，该地区金融服务水平越低。其基本原理是先将单项指标进行指数化处理，将其区间确定在 0—1。具体公式如下：

$$D_i=W_i\frac{A_i-A_{\min}}{A_{\max}-A_{\min}}$$

其中，A_i代表某一地区第i个指标的实际值，$A_{\max}$代表第i个指标的最大值，$A_{\min}$代表第i个指标的最小值，W_i代表该指标的权重。可以看出D_i的取值范围在 0—1，当D_i越大时，该地区的金融服务水平越高；当D_i越小时，该地区的金融服务水平越小。用相同的方法我们可以得到不同D_i的数值，将不同的D_i整合之后得出金融服务水平的测度结果，具体公式如下：

$$IFI=1-\sqrt{\frac{\sum_{i=1}^{n}(W_i-D_i)^2}{\sum_{i=1}^{n}W_i^2}}$$

对于普惠金融指数的检验，可采用王靖（2013）构建的反欧几里得公式：

$$IFI^{checkmodel}=1-\frac{\sqrt{(h_1-d_1)^2+(h_2-d_2)^2+\cdots+(h_n-d_n)^2}}{\sqrt{h_1^2+h_2^2+\cdots+h_n^2}}$$

其中，$d_1,d_2,\cdots,d_n$为n维评价指标笛卡尔坐标系中的点，由这些点构成的集合称为点集D；这个空间中的点$Low=l_1+l_2+\cdots+l_n$为各评价指标数据可能出现的最坏的情况，即完全的融资排斥；$H=h_1+h_2+h_3+\cdots+h_n$表示普惠金融发展的最高水平集。假定第i个评价指标的平均数为$\bar{x}_i$，标准差为$\vartheta_i(i=1,2,\cdots,n)$，则变异系数为$\wp_i=\frac{\theta_i}{x_i}$，加总求和可以得到各评价指标权重公式：

$$\hat{\otimes}_i = \frac{\wp_i}{\sum_{i=1}^{n} \wp_i}$$

第i个评价指标d_i的计算公式如下：

$$d_i = \frac{\hat{\otimes}_i \cdot (A_i - MIN_i)}{(MAX_i - MIN_i)} (0 \leqslant \hat{\otimes}_i \leqslant 1)$$

其中，A_i为第i个评价指标的实际观测值。接着，按照欧氏距离测度方法计算点D到点H之间的归一化距离，借此可以评价某一特定区域内休闲体育产业的投融资总体水平。我们将采用普惠金融指数法来测度京津冀地区休闲体育产业的投融资整体水平。

4.3.4 包络分析法 (DEA)

休闲体育产业投融资行为的实现是由多种多样的复杂因素共同促成的，一方面休闲体育产业投融资机制受到国家政策和法理的强力制约，另一方面各种主观因素如企业伦理要素、职工道德素质、企业文化要素、企业经营理念、产业风险意识、员工精神风貌和跨际交往理念等，都会影响休闲体育产业的融资规模和融资质量。因此休闲体育产业投融资水平的测度并没有极端精准的模型和函数形式，我们所做的实证分析只是在控制了某些变量或者在作出严格的外部假设的前提下才能成立，失去了特定的外部环境或条件，实证分析将变得缺乏依据。再加上体育文化和体育精神等因素的难以准确量化的属性，实证分析会存在某些问题。基于此，我们采用包络分析法（Data Envelopment Analysis，DEA）来评价长三角地区的投融资总体水平。

包络分析法适用于休闲体育产业融资渠道多元化、融资模式多样化、融资额度离散化、融资质量差异化的情况，而且无须确定休闲体育产业融资评价指标的权重和特定函数形式，具有评价过程简明、评价系统优化、评价结果准确等优点。这些优势对于长江三角洲地区休闲体育产业投融资水平的研究具有重大意义。一般来说，评价相对有效性的 DEA 模型可以分为三种模型，即 CCR 模型、CCGSS 模型和 BCC 模型。CCR 模型通过生产函数理论来分析具有多要素输入和多要素产出的企业“规模效率”和“技术效率”的问题，本质上是构建了一个等价于原始模型的线性规划模型，并根据线性对偶理论，分析对偶模型的凸性、锥性、平凹性、无效性和最小假设问题。CCR 理论中用于描述生产可能性“凸锥集”的模型对于企业投入产出效率的研究缺乏准确性。基于这种认识，查恩斯、库伯、格拉尼、赛德福和斯图茨共同给出了另一个生产相对有效性模型，即 CCGSS 模型，该模型只能研究各个生产部门的“技术有效性”问题，而不能用于分析生产部门之间的规模效率差异问题。于是，中国学者魏权龄和黄志明（2001）和查恩斯、库伯共同提出了一个被称为 BCC 的“相对有效性”模型，该模型借用了魏权龄和黄志明于 1998 年的研究成果，指出一个标准的生产效率模型必须特别注重“锥”的选取，而且要充分体现决策者的偏好，因此有效的 DEA 模型必须既能体现技术进步的效率，又能体现规模增长的效率，必须特别关注决策单元技术有效性和规模有效性的“综合效率值”。鉴于魏权龄和黄志明对 DEA 理论的贡献，后起学者又将 BCC 模型称为 BCCWH 模型。我们将使用 BCCWH 模型来分析长三角地区的投融资总体水平。包络分析法的具体分析步骤如下：

假定休闲体育产业融资投入因素和融资产出因素都是在规模报酬不变的前提下进行的，然后可以构建决策单元 DMU。每个决策单元都有m个投入变量和n个产出变量，输入矩阵和输出矩阵如下：

$$matrix(input)=\begin{matrix} x_{11} & x_{12} & x_{1j} & x_{1n} \\ x_{21} & x_{22} & x_{2j} & x_{2n} \\ x_{31} & x_{32} & x_{3j} & x_{3n} \\ x_{m1} & x_{m2} & x_{mj} & x_{mn} \end{matrix} \qquad matrix(output)=\begin{matrix} y_{11} & y_{12} & y_{1j} & y_{1n} \\ y_{21} & y_{22} & y_{2j} & y_{2n} \\ y_{31} & y_{32} & y_{3j} & y_{3n} \\ y_{s1} & y_{s2} & y_{sj} & y_{sn} \end{matrix}$$

假定 V 和 U 分别代表某种类型输入和输出的权系数且$V\subset E_m^+,\mathrm{int}V\neq\varphi$为闭凸锥、$U\subset E_S^+,\mathrm{int}U\neq\varphi$为闭凸锥、$K\subset E_n^+$为闭凸锥，则BCCWH模型如下：

$$P:\max V_p=\mu^T Y_0$$
$$s.t\begin{cases} w^T X_j-\mu^T Y_j\in K \\ w^T X_0=1 \qquad\qquad j=1,2,\cdots,n \\ w\in V,\mu\in U \end{cases}$$

$$D:\min V_D=\theta$$
$$s.t\begin{cases} X\lambda-\theta X_0\in V^* \\ -Y\lambda+Y_0\in U^* \quad j=1,2,\cdots,n \\ \lambda\in -K^* \end{cases}$$

使用凸锥度量决策单元DMU有效性的生产可能性边界：

$$T=\left\{(X,Y)\middle|(X,Y)\in(X\lambda,Y\lambda)+(-V^*,U^*),\lambda\in-K^*\right\}$$

在此基础上引入松弛变量 L，每一个DMU所对应的效率评价指数如下：

$$h_j=\frac{u^T y_j}{v^T x_j}=\frac{\sum_{r=1}^{n}u_r y_{rj}}{\sum_{i=1}^{m}v_i x_{ij}},j=1,2,L,t$$

其中，$x_j=(x_{1j},L,x_{mj})^{\mathrm{T}},y_j=(y_{1j},L,y_{nj})^{\mathrm{T}},j=1,2,L,t$，可以适当地选择权系数和，使其满足：$h_j\leqslant 1,j=1,2,L,t$。于是在规模报酬可变的条件下，BCCWH模型的对偶规划如下：

$$\begin{cases}\min\theta\\ s.t\sum_{j=1}^{t}\lambda_j x_j\leqslant\theta x_0\\ \sum_{j=1}^{t}\lambda_j y_j\geqslant y_0\\ B\lambda=1\\ \lambda_j\geqslant 0,J=1,2,L,t\end{cases}$$

其中，$B=(1,1,\cdots,1)_{1\cdot t}$。根据投影原理可以计算投入冗余率$\xi_0$和产出不足率$\zeta_0$：

$$\xi_0=\Delta X_0/X_0\qquad\zeta_0=\Delta Y_0/Y_0$$

投入冗余率ξ_0和产出不足率ζ_0可以作为休闲体育企业投入权重系数和产出权重系数的重要参数，并适当应用于休闲体育产业融资水平的评估过程中。总之，建立在DEA分析和DMU评价基础之上的BCCWH能够规避变量标准化的某些陷阱，不必对变量进行去量纲化处理，而且计算过程相对简单，是度量休闲体育产业投融资水平的重要可选择模型。

4.4 休闲体育产业融资水平区域差异性比较

就休闲体育产业的发展情况来说，当属以下几个区域最为突出：即京津冀地区（包括雄安新区）、长三角地区和珠三角地区。因为这三个地区是中国休闲体育发展规模最大、发展势头最好、发展理念最为先进、产业利润最高、体育科技水平最高、体育融资环境最佳的地区。我们主要分析京津冀地区、长三角地区和珠三角地区休闲体育产业融资水平。为了从宏观上比较少数民族休闲体育产业和普通地方休闲体育产业发展的差异性，我们研究了少数民族地区休闲体育产业投融资水平的差异性，并对我国、美国和日本三国的休闲体育产业融资水平进行了横向比较，指出世界各国休闲体育产业融资水平差别很大，不能机械模仿发达国家的休闲体育产业融资模式，必须根据我国的金融发展水平探索符合我国国情的休闲体育产业发展道路。

4.4.1 京津冀地区休闲体育产业融资水平测度与比较

我们通过普惠金融指数法来研究协同视角下京津冀区域休闲体育产业金融融资服务的总体水平，这种比较从三个维度展开：一是京津冀三地与周边省（自治区）休闲体育产业的融资数据的比较；二是北京农村、天津农村和雄安新区休闲体育产业融资水平数据的比较；三是河北省各地级城市休闲体育产业融资水平数据的比较。融资服务的供给和需求是决定融资水平的两个关键因素，所以我们选取供给和需求两个方面对融资水平进行测算。这两个方面分别代表了融资服务的渗透性和可获得性，也是评价指标体系中 8 个一级指标的具体化，虽然没有在指标体系中明确说明，但是仍然可以作为重要的评价指标。考虑到统计数据的可获得性问题，我们主要选取四个指标来对融资水平进行测算，即每万人拥有机构网点数、每万人拥有金融机构服务人员数、人均存款额和人均贷款额。这四个指标也是休闲体育产业融资服务水平的重要衡量标准，代表着官办融资规模和民办融资规模的发展水平。其中每万人拥有机构网点数和每万人拥有金融机构服务人员数代表了融资服务的供给与融资服务的渗透性，人均存款额和人均贷款额代表了融资服务的需求与融资服务的可获得性。

1. 普惠金融视角下京津冀与周边省（自治区）休闲体育产业融资水平测度与比较

为了研究京津冀区域休闲体育产业投融资总体水平与周边地区的差距，我们选取了北京、天津、内蒙古、山西、河南和山东6个地区作为比较的对象，从中可以清楚地了解京津冀区域融资服务的相对水平，具体数据如表4.6所示。

表4.6　京津冀与周边省（自治区）休闲体育产业融资水平测度与比较（统计时点：2018年12月）

地　区	每万人拥有机构网点数 / 个	每万人拥有金融机构服务人员数 / 人	人均存款额 / 万元	人均贷款额 / 万元	金融服务IFI指数
北京	3.16	188.2	42.65	23.17	0.73
天津	3.23	166.89	37.71	20.11	0.76
河北	1.59	44.5	6.50	3.97	0.09
内蒙古	2.26	37.5	6.46	5.97	0.19
山西	2.12	30.1	7.43	4.54	0.20
河南	1.21	23.5	3.92	2.61	0
山东	1.57	39.6	6.34	4.57	0.11
极大值	3.23	188.2	42.65	23.17	0.76
极小值	1.21	23.5	3.92	2.61	0
均值	2.185	73.99	13.14	9.44	0.297

数据来源：各地区统计年鉴、相关文献以及中国银行业监督管理委员会官方网站。

从表4.6我们可以明显看出：首先，河北省每万人拥有金融机构数量、每万人拥有金融机构服务人员数量、人均存款额与山东持平，但人均贷款额度小于山东、山西和内蒙古；河南省的各项数据均排在最后。其次，人均存款额的差距最为悬殊，最低值与最高值相差了近十倍，人均贷款额度和每万人拥有机构服务人员数也有十倍左右的差额。最后，京津冀周边各省（自治区）的融资水平极不平均。北京和天津两个直辖市的的休闲体育产业融资水平远高于其他地区，令人意外的是天津市的融资服务水平甚至高于北京市，这主要是由于天津市的每万人拥有金融机构数量较高。河南省的休闲体育产业融资服务水平指数为零，这是由于河南省的休闲体育产业融资服务水平数据均排在最后，各项D_i值均为零，导致了其最后的融资服务水平指数为零。河北省在众多的省份和直辖市中排倒数第二，略高于河南省。山西、内蒙古、山东在这几个地区分别排第三、第四、第五位。分析其原因，由于河北省人口众多，导致其平均值处于低位，这说明河北省休闲体育产业融资服务方面不但与发达地区存在较大差距，而且与周边其他地区相比也较为落后，休闲体育产业融资服务水平存在严重的供给性不足。

2. 普惠金融视角下京、津农村和雄安新区休闲体育产业融资服务水平的测度与比较

在华北“大三角”生态规划理念的激励下，雄安新区的建设正在紧锣密鼓地进行。之所以将这三个地区的休闲体育产业融资服务水平进行横向比较，主要是因为三地在区域经济发展方面的层级性、趋同性和关联性，休闲体育产业区域协同的出现既是北京农村地区和天津农村地区经济发展过程中的必然，也是雄安新区改变基础设施相对落后的现状的自然结果。从金融地理学的角度看，三地的金融相似性受制于地缘经济战略的一致性。基于此，我们将北京市延庆区、怀柔区、密云区、昌平区、顺义区、平谷区、门头沟区、房山区、大兴区、通州区十个区域的农村休闲体育产业金融数据界定为本研究所指向的“北京农村金融区域数据”；将天津市蓟州区、静海区、宝坻区、武清区、宁河区、津南区、滨海新区、北辰区、西青区九个区域的农村休闲体育产业金融状况界定为“天津农村金融区域数据”；将雄安新区雄县、容城县和安新县的休闲体育产业金融数据界定为“雄安新区金融数据”，统计数据如表 4.7 所示。

表 4.7　京、津农村和雄安新区休闲体育产业融资服务水平数据比较

（统计时点：2018 年 12 月）

地　区	每万人拥有机构网点数 / 个	每万人拥有金融机构服务人员数 / 人	人均存款额 / 万元	人均贷款额 / 万元	金融服务 IFI 指数
延庆区	1.18	68.11	8.65	2.25	0.66
怀柔区	1.24	55.59	7.02	2.17	0.56
密云区	1.11	34.52	5.50	2.38	0.16
昌平区	2.16	38.52	9.46	3.07	0.15
顺义区	2.19	40.22	10.28	4.88	0.13
平谷区	1.12	30.17	5.43	1.54	0.33

续 表

地 区	每万人拥有机构网点数 / 个	每万人拥有金融机构服务人员数 / 人	人均存款额 / 万元	人均贷款额 / 万元	金融服务 IFI 指数
门头沟区	1.28	23.6	3.99	2.01	0.09
房山区	1.57	39.6	10.34	3.57	0.14
大兴区	2.13	46.29	12.81	4.11	0.76
通州区	1.89	59.77	11.18	5.17	0.74
蓟州区	1.67	22.30	8.39	2.91	0.08
静海区	1.10	26.44	9.21	1.88	0.13
宝坻区	1.81	41.22	10.14	4.11	0.59
武清区	1.92	43.28	12.88	5.28	0.15
宁河区	1.77	40.90	11.92	4.23	0.29
津南区	2.35	55.87	15.77	6.99	0.68
滨海新区	2.65	58.03	16.93	6.82	0.99
北辰区	2.22	57.11	15.31	5.91	0.78
西青区	2.24	58.92	16.72	5.33	0.82
雄县	1.91	35.77	5.29	1.33	0.14
容城县	1.09	20.21	4.28	1.09	0.11
安新县	1.10	18.30	5.01	1.16	0.13
极大值	2.65	68.11	16.93	6.99	0.99
极小值	1.10	18.30	3.99	1.09	0.11
均值	1.96	43.85	11.46	4.05	0.48

数据来源：各地区统计年鉴、相关文献以及中国银行业监督管理委员会官方网站。

数据表明：第一，北京市农村与天津市农村的休闲体育产业融资发展水平明显高于雄安新区的水平，这应该与雄安新区战略刚刚实施有关；北京市延庆区、怀柔区、大兴区的农村每万人拥有金融机构数量、人均存款额和人均贷款额均高于北京市其他农村区域；靠近天津市城区的北辰区、西青区、津南区和靠近渤海湾的滨海新区的农村休闲体育产业融资发展水平均高于天津市其他农村地区，这可能与地缘优势和海缘优势有关；河北省雄安新区除了雄县的各项指标较高外，其他各项指标均低于北京市农村和天津市农村的融资发展水平，这可能与雄县的“经济地理盆地”现象有关，也可能与容城县和安新县交通基础设施的相对落后有关。第二，天津市滨海新区的农村每万人拥有金融机构网点数几乎达到河北省安新县的三倍；从每万人拥有金融机构服务人员数量、人均存款额、人均贷款额三个维度来看，发展最好的是北京市延庆区、天津市滨海新区、天津市津南区，发展最差的是河北省安新县、北京市门头沟区和雄安新区容城县，前者是后者的 6 ～ 7 倍。第三，北京市大兴区、天津市滨海新区和雄安新区雄县分别是北京市农村、天津市农村、雄安新区休闲体育产业融资服务水平最高的地区；北京市通州区和怀柔区、天津市北辰区和西青区、雄安新区安新县的农村休闲体育产业融资服务水平分别在三地处于较好的层次；北京市的房山区和密云区、天津市的蓟州区、武清区和雄安新区容城县分别是三地农村休闲体育产业融资服务水平最低的地区；与此同时，我们发现京津冀农村休闲体育产业区域融资服务水平最高的是天津市滨海新区，其农村休闲体育产业融资服务水平是水平最低的天津市蓟州区的十倍以上，这说明该区域农村休闲体育产业融资服务存在着空间上的极大差距和深度金融治理水平上的内在差别。

3. 普惠金融视角下河北省各主要城市融资服务水平的测度与比较

在了解了京津冀与周边省（自治区）的休闲体育产业融资服务总体水平和北京农村、天津农村、雄安新区休闲体育产业融资服务水平的总体差异之后，我们有必要在空间上对河北省几个主要城市的休闲体育产业融资服务水平进行分析，以了解清楚河北省内部休闲体育产业融资服务水平存在的差距，进而发现其内部存在的金融体系结构性问题。通过查阅相关数据排除了数据不全的地区，选取石家庄、张家口、秦皇岛、唐山、廊坊、保定、沧州、衡水、邢台、邯郸和承德共 11 个地区进行对比，经过整理得到河北省各主要城市休闲体育产业融资服务水平数据（表 4.8）。

表 4.8　河北省各地区休闲体育产业融资服务水平数据（统计时点：2018 年 12 月）

地　区	每万人拥有机构网点数 / 个	每万人拥有金融机构服务人员数 / 人	人均存款额 / 万元	人均贷款额 / 万元	金融服务 IFI 指数
石家庄	1.68	95.4	5.65	3.25	0.79
张家口	1.90	52.6	2.21	1.76	0.39

续 表

地 区	每万人拥有机构网点数 / 个	每万人拥有金融机构服务人员数 / 人	人均存款额 / 万元	人均贷款额 / 万元	金融服务 IFI 指数
秦皇岛	1.84	70.1	4.99	0.39	0.43
唐山	1.75	63.8	5.12	3.18	0.65
廊坊	1.75	78.3	2.85	1.63	0.52
保定	1.23	43.6	1.28	0.68	0.04
沧州	1.44	44.2	1.17	0.88	0.12
衡水	1.49	49.8	1.48	0.85	0.17
邢台	1.33	44.1	1.25	0.91	0.09
邯郸	1.41	73.2	0.96	1.38	0.26
承德	1.99	71.5	1.98	1.66	0.47
极大值	1.99	95.4	5.65	3.25	0.79
极小值	1.23	43.6	0.96	0.39	0.04
均值	1.62	62.4	2.63	1.50	0.36

数据来源：各市统计局官方网站、相关文献以及中国银行业监督管理委员会官方网站。

观察以上数据我们发现：第一，每万人拥有机构网点数最多的地区为承德，为 1.99 个 / 每万人，数值最小的是保定，为 1.23 个 / 每万人；每万人拥有机构服务人员数石家庄最多，为 95.4 人 / 每万人，最低的是保定，为 43.6 人 / 每万人。第二，人均存贷款额度上除了石家庄和唐山具有较高水平以外，其他地区水平较低。人均存款额度最大值为 5.65 万元，远高于最低的 0.96 万元；人均贷款额度最大值为 3.25 万元，相比最低的 0.39 万元也有较大的差距。第三，石家庄市、唐山市和廊坊市在金融服务水平上排在前三位；排在最后三位的是保定市、沧州市和邢台市；休闲体育产业融资服务水平最高的为石家庄市，其休闲体育产业融资服务水平达到了 0.79，而最低的保定市仅有 0.04，上下相差近 20 倍。这说明河北省不同地区休闲体育产业融资业发展存在着十分严重的不均衡问题。

4. 普惠金融视角下京津冀休闲体育产业融资服务水平与经济发展水平关联度分析

在对京津冀与周边省（自治区）、京津农村和雄安新区、河北省各主要城市的休闲体育产业融资服务水平进行测度之后，我们将各个地区的经济发展水平与休闲体育产业融资服务水平进行综合对比，从而找到休闲体育产业融资服务水平与经济发展的相关性。为了保证数据来源的可得性，我们主要以各地区的人均 GDP 作为地区经济发展水平的代表，并以此来作相关性分析。

（1）京津冀与周边省（自治区）休闲体育产业融资服务水平和经济发展水平关系

通过查阅京津冀与周边省（自治区）经济统计年鉴和人口普查总数，我们得到了各地区的人均 GDP，经过整理得到京津冀与周边省（自治区）金融服务水平和人均 GDP 相关数据（表 4.9），最后做出反映休闲体育产业融资服务水平和经济发展水平关系的带回归曲线的柱状散点图（图 4.2）。

表 4.9　京津冀与周边省（自治区）休闲体育产业融资服务水平和人均 GDP 数据（统计时点：2018 年 12 月）

地　区	北　京	天　津	河　北	内蒙古	山　西	河　南	山　东
人均 GDP（万元 / 人）	10.09	10.68	4.01	7.11	3.52	3.71	6.10
融资服务 IFI 指数	0.73	0.76	0.09	0.19	0.20	0	0.11

数据来源：各省（自治区、直辖市）经济统计年鉴。

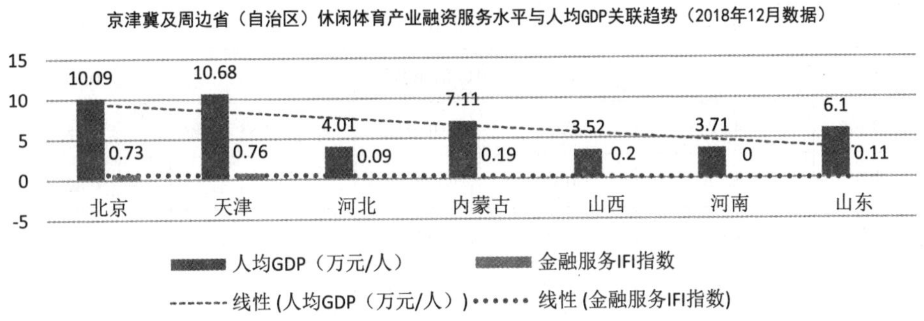

图 4.2　京津冀及周边省（自治区）休闲体育产业融资服务水平与人均 GDP 关联趋势（2018 年 12 月数据）

通过图 4.2 我们发现：天津市和北京市在经济发展水平和休闲体育产业融资服务水平上均排第一和第二，而休闲体育产业融资服务水平排倒数第一、第二和第三的河南省、河北省和山东省在经济水平上排倒数第二、第三和第四。金融行业在社会经济中起到的最主要的作用是资金的融通，金融行业的发展可以促进资源的优化合理配置。同时，经济的发展也可以造成资源的聚集，从而促进金融行业的发展。因此，京津冀与其周边省（自治区）休闲体育产业融资服务水平和经济发展水平呈现较为明显的相关性。

（2）京、津农村和雄安新区休闲体育产业融资服务水平与经济发展水平关系

通过查阅京津冀各地区的经济统计年鉴和农村统计数据，我们得到了北京市 10 个区农村、天津市 9 个区农村、雄安新区的人均 GDP 数据，经过整理得到各地区金融服务水平与人均 GDP 数据（表 4.10），将这三个地区数据做成柱状散点图（图 4.3 中虚线分别代表“人均 GDP 关联趋势”和“融资服务水平关联趋势”）。

表 4.10　京、津农村和雄安新区休闲体育产业融资服务水平与人均 GDP 数据

（统计时点：2018 年 12 月）

县　区	人均 GDP/ 万元	金融服务水平	县区	人均 GDP/ 万元	金融服务水平
延庆区	4.55	0.66	静海区	5.32	0.13
怀柔区	6.99	0.56	宝抵区	6.73	0.59
密云区	5.89	0.11	武清区	5.69	0.11
昌平区	6.44	0.15	宁河区	5.82	0.29
顺义区	5.62	0.13	津南区	9.33	0.68
平谷区	5.11	0.33	滨海新区	10.16	0.99
门头沟区	4.72	0.09	北辰区	10.83	0.78
房山区	6.72	0.11	西青区	10.32	0.82
大兴区	7.81	0.76	雄县	4.62	0.14
通州区	6.01	0.74	容城县	4.48	0.11
蓟州区	4.21	0.08	安新县	4.51	0.13

数据来源：各省市、自治区经济统计年鉴。

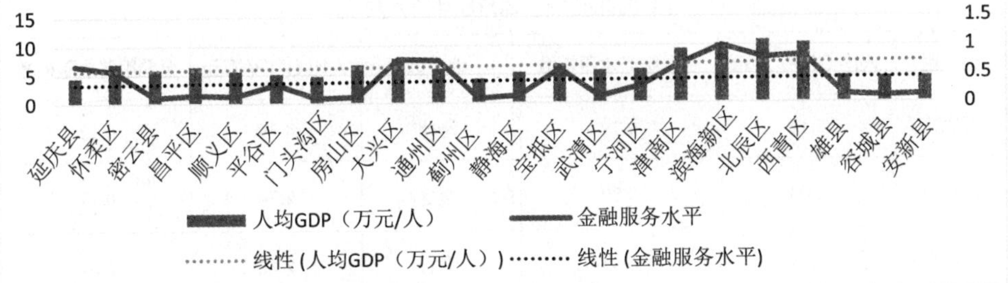

图 4.3　京、津农村和雄安新区休闲体育产业融资服务水平与人均 GDP 关联趋势图

（统计时点：2018 年 12 月）

通过对以上数据的分析，我们发现：首先，天津市农村和北京市农村在经济发展水平与休闲体育产业融资服务水平上均排第一和第二，而休闲体育产业融资服务水平排倒数第一、第三、第四的蓟州区、容城县和安新县在经济水平上也排在倒数第一、第二和第三的位置。其次，天津市农村地区的休闲体育产业融资服务水平总体上高于北京市农村的休闲体育产业融资服务水平，因而在其经济发展水平上也有鲜明体现（我们所指的“农村地区”是指统计意义上的农村人口占总人口的比例超过 80% 的地区）。这种现象出现的原因既与天津市滨海新区、北辰区和西青区金融机构数量优势和资金流动性因素有关，也与该农村区域城镇化建设规模较大和外来劳动力大批流入有关。最后，虽然北京市远郊的个别农村地区（如延庆市、门头沟区、房山区）、天津市远郊的个别农村地区（蓟州区、静海区和宁河区）的经济发展水平和休闲体育产业融资服务水平均呈现较低的态势，但与雄安新区的数据相比还是具有明显优势的，这说明雄安新区的金融服务意识和金融基础设施建设尚须加强。这种“倒逼式”的融资追赶策略是京—津—雄三角战略演化的必然要求。

（3）河北省各地区休闲体育产业融资服务水平与经济发展关系的分析

采用与之前相同的方法，通过查阅河北省各主要城市经济统计年鉴，我们得到了各主要城市人均 GDP，经过整理得出各地区休闲体育产业融资服务水平与人均 GDP 数据（表 4.11），将数据绘制成带趋势线的散点图（图 4.4）。

表 4.11　河北省主要地区休闲体育产业融资服务水平与人均 GDP 数据

（统计时点：2018 年 12 月）

地　区	人均 GDP/ 万元	金融服务水平指数	地　区	人均 GDP/ 万元	金融服务水平指数
石家庄	5.12	0.79	沧州	4.39	0.12
张家口	3.08	0.39	衡水	2.76	0.17
秦皇岛	4.08	0.43	邢台	2.42	0.09
唐山	7.85	0.65	邯郸	3.36	0.26
廊坊	5.31	0.52	承德	3.85	0.47
保定	2.61	0.04	—	—	—

数据来源：河北省各地区经济统计年鉴。

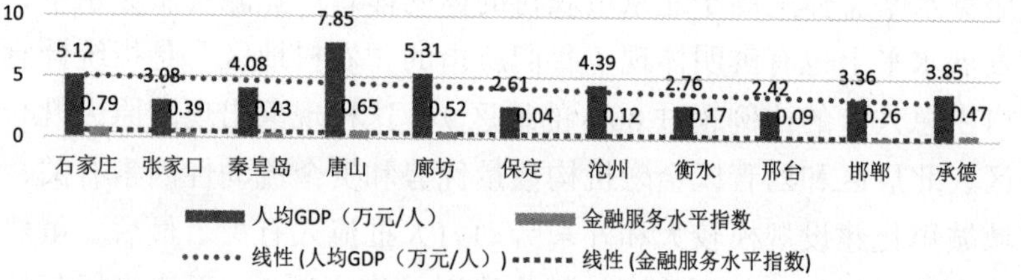

图 4.4　河北省主要地区休闲体育产业融资服务水平与人均 GDP 关联图

（统计时点：2018 年 12 月）

从图 4.4 可以看出：经济发展水平排在前几名的唐山、石家庄等地在经济发展水平上也排在较为靠前的位置，而休闲体育产业融资服务水平落后的保定和邢台等地经济发展水平也排在最后；河北省不但在休闲体育产业融资服务水平上存在着较为严重的不均衡问题，而且各地区间在经济发展水平上也存在着较明显的差距，缩小地区间融资服务水平存在的差距，可以在一定程度上减小地区间经济发展水平的差距。

5. 普惠金融视角下京津冀区域休闲体育产业融资服务存在的问题及原因分析

在对京津冀与周边省（自治区）、京津农村和雄安新区、河北省各地区的休闲体育产业融资服务水平进行测度后，我们可以发现京津冀地区休闲体育产业融资服务业存在的诸多缺陷和不足。这些弊端不但制约着京津冀城乡经济结构的良性发展，而且直接影响着该区域休闲体育产业融资变革的现状和未来。

（1）京津冀地区休闲体育产业融资仍然存在较为严重的不均衡现象

从上文的分析结果我们可以看出，北京市城区和天津市城区的休闲体育产业融资服务水平和经济发展水平远远高于周边省区。不仅如此，河北省的休闲体育产业融资服务“新盆地”现象越发明显，其休闲体育产业融资服务水平在与周边地区的相比仅排倒数第二，这说明河北省在休闲体育产业融资发展上存在严重不足，具体表现为每万人拥有机构网点数较低以及人均贷款额度上的不足。机构网点数不足说明河北省金融行业在基础网点数量上无法满足人们需要；存贷款不足在很大程度上说明了融资服务的可及性不足，既有金融业整体营销能力上的不足，也有服务质量上的不足。同时我们还看到河北省休闲体育产业融资服务水平的低下将会制约京津冀一体化战略对河北省经济的带动作用。除此之外，河北省各市在休闲体育产业融资服务水平上也存在着较大的差异性。由于休闲体育产业融资与经济发展水平存在较为明显的相关性，休闲体育产业融资在地区之间的差异将会影响不同地区的经济发展，造成区域发展上的不协调，也在一定程度造成了地区之间的贫富差异。根据韩国首尔三角区（首尔—仁川—水原）金融服务的覆盖特点、日本京都三角区（大阪—名古屋—京都）金融服务的基本规律、美国纽约三角区（纽约—匹兹堡—新泽西）休闲体育产业融资变迁的基本经验，制度化金融衍生品的均衡性缺失不仅会造成金融秩序的混乱，还会引发过度的金融投机，从而造成优质国有金融资源的流失，其潜在破坏力不言而喻。

（2）京—津—雄三角休闲体育产业仍然存在着金融科技创新与金融服务协同发展的链合障碍

北京市城区和天津市城区的金融“辐射”困局导致京津冀区域金融科技产业的核心竞争力没有得到整体提高，所以雄安新区和北京市、天津市金融资源在金融—科技协同创新方面的巨大落差，最终限制了京津冀区域休闲体育产业融资服务机构、休闲体育产业融资服务人员、存贷款额度等方面的良性发展。这种显性落差主要表现在以下几个方面：①京津冀高科技创新理念和区域科技金融实践之间的落差巨大。一方面处于高科技密集区的京津冀城市区域不断开发出具有先进经营理念的金融创新产品，另一方面这些金融产品的农村实用性极小。②京津冀地区休闲体育产业保险业务的科技创新与乡村休闲体育产业融资保险需求增大之间的落差极大。一方面广大农村地区的休闲体育设备都需要保险公司的“多元化险种”的再保险和续保支持，另一方面京津冀地区保险公司存在金融—科技衔接的巨大障碍，没法在农村物联技术的支撑下实现体育设备物权的深度保障。③雄安新区基础设施创新的科技金融支持力度与京津科技投融资力度之间的落差很大。近年来在大数据金融平台的支持下，北京市、天津市成为国际上较有影响力的金融—科技中心，休闲体育产业融资服务水平获得了很大提高。相比之下，雄安新区则存在着科技金融需求不能有效满足的情况，不但基础设施建设领域，各种建筑材料、装饰材料、汽车零部件、小商品、电子产品、影像制品、文创产品等的域内供销平台和跨际营销平台没能借助互联网金融优势满足基本的融资需求和众筹需求，而且在日用消费品领域各种金融科技平台也没有充分满足雄安新区的基本需求。不仅如此，从北京市和天津市转移到此地的航空数据监测基地、生命科技研发中心、跨际太平洋科技中心、高端汽车实验基地、动车装配技术中心、航母关键零部件制造中心等并没有充分发挥金融供应链的“正态外溢效用”。可以这样说，京津雄休闲体育投融资体制、力度和效率的不均衡必然制约三地休闲体育企业的协同创新的能力，并导致休闲体育产业融资服务水平的持续下降。

6. 普惠金融模式下提升京津冀地区休闲体育产业融资服务水平的对策建议

休闲体育产业的“良性金融”是产业结构变迁和金融科技进步的巨大推动力量。为了破解违背京津冀地区休闲体育产业普惠金融模式要求的“融资困局”，必须从理念上、制度上、机制上、技术上、效能上和监督上做到如下几点。

（1）加快“以休闲体育带动精准扶贫”战略的制定和实施，使普惠金融模式在京津冀农村区域落地生根

在京津冀区域仍然存在着极为显著的金融落差现象，如休闲体育产业融资服务水平最高的北京市城区的每万人拥有机构数、每万人拥有服务网点数是金融服务水平最低的容城县的十几倍，存贷款额度更是相差二十几倍，这种极为显著的金融失衡现象不仅不利于区域金融质量的提升，还会影响京津冀金融科技的协同和创新发展。基于此，国家和京津冀协同办公部门必须贯彻习近平总书记提出的精准扶贫思想，加快实施“精准金融扶贫”战略。所谓“精准金融扶贫”战略就是京津城区、北京市农村、天津市农村、雄安新区必须发挥各自的金融服务优势（图 4.5），把有限的金融资源投入到有效金融需求的众多领域，并彻底改变京津冀区域金融的“瀑布式”落差，进而实现城乡贫困问题的本源性治理。加快“精准金融扶贫”战略的制定和实施，使普惠金融模式在京津冀农村区域落地生根，可以说是提升京津冀休闲体育产业融资服务水平的重中之重。

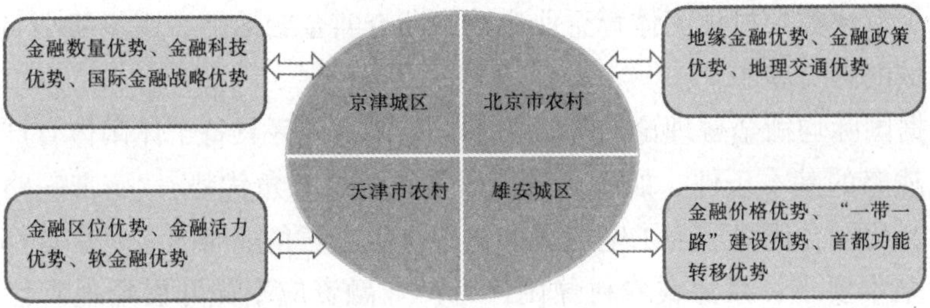

图 4.5　京津冀区域休闲体育产业融资优势比较

（2）加快金融机构的改革，不断提升休闲体育产业多元化融资服务体系

首先，国有商业银行应该进一步加强县级以下地区分支机构的建设，扩大其服务范围，提高服务效益与经营质量；要加大对农村经济发展的支持，城市金融应该利用其资金优势为农村经济的发展提供金融服务；要进一步促进农村保险行业的发展，为农业经营提供有利于其生存发展的保险产品，降低农业经营风险；要降低农村金融市场准入门槛，在合理的监管之下，通过民间资本的力量健全农村休闲体育产业融资服务体系。只有这样才能解决地区之间金融休闲体育产业融资服务水平发展的不均衡问题。其次，要进一步提高休闲体育产业融资产品的多样化，尽可能覆盖不同人群的不同需求。随着居民人均收入的增加，金融机构必须加紧对休闲体育产业融资创新产品的开发，要关注咨询、投资理财和代理等相关业务。多样化的休闲体育产业融资产品不仅能满足更多人群的诸多需求，而且能大大提高金融机构的盈利能力。在开发新产品时还应加强民众对于休闲体育产业融资产品的认识，普及休闲体育产业融资知识。再次，要逐步提升金融业对小微休闲体育企业的支持力度。提升小微休闲体育企业金融服务有助于金融机构更好地融入当地经济的有效竞争中，也有助于发挥金融机构对地区经济的拉动作用。为此要加大对小微信贷产品的创新力度，为其量身定做金融产品；鉴于小微企业的信用、资产等不同于一般企业的特殊情况，应尽力为小微企业建立一套完整的审批流程，专门设立办理小微企业授信贷款的审批机构；要高度重视中小企业信用的管理，防范信用风险。最后，要积极引进优质金融服务人才。人才是金融行业发展的核心，金融业中人力资源的重要性远远高于一般行业。要为优秀休闲体育产业融资人才开辟一条绿色通道，在政策上加强人才的引进，为高级休闲体育产业融资从业人员提供一系列的制度保障和环境保障。

（3）京津冀农村休闲体育企业应该不断夯实金融活力，逐步缩小与京津冀城市区域的融资差距

根据国际均衡金融理论的基本要求，京津冀地区具备了休闲体育产业融资一体化战略的基本条件，如政策扶持因素、地缘三角优势、“一带一路”建设优势和文化融合优势。为了坚定贯彻党中央生态三角战略的“北京首都功能外移”的基本要求，京津冀农村休闲体育产业融资应率先开展场地有偿租赁机制、体育场地抵押贷款、体育场地信托流转机制、小额贷款审批机制等方面的改革。就京津冀农村的总体金融形势看，开展大规模休闲体育公司上市融资、股权融资、私募基金、科技园区债券融资、国债融资、企业债融资、合会融资的可行性值得论证。从农村金融变迁的实际出发、深度挖掘京津冀农村休闲体育产业融资优势将成为未来一段时期农村体育产业金融改革的基本方向。有学者提出的“休闲体育产业家庭融资模式”可以作为一种尝试，例如“家庭休闲体育银行”。所谓“家庭休闲体育银行”是指把休闲体育产业融资信息对接、休闲体育产业融资数据交割、休闲体育产业知识产权交易、休闲体育产业融资预警控制、休闲体育产业融资善后处理、休闲体育产业国际融资平台完整集合到“家庭主板”上进行投融资活动的一种“微银行”模式。尽管国内外学术界对这种模式还没有统一的定论，但可以预见的是“居家休闲体育金融”必将成为“元数据”时代体育金融深度变化的重要方向。如果“家庭休闲体育银行”得以展开，那么农村金融机构网点数量、农村金融服务人员数量、农村存贷款额度将呈现拓扑性外溢。而且“家庭休闲体育银行”的便捷性、数字加密性、平台性也为实体金融的后台监控奠定了技术性的条件。客观来讲，“家庭休闲体育银行”的投融资广泛性和快捷性不仅可以夯实京津冀农村休闲体育产业融资活力，并逐步缩小与京津冀城市区域的金融差距，而且可以大幅度提升京津冀地区休闲体育产业融资的整体水平，其意义不可小觑。

4.4.2 长三角地区休闲体育产业融资水平测度

参考本章4.2.1小节设定的三级指标体系，结合长三角地区休闲体育产业融资规模和融资质量的具体特点，联系金融运筹学计算的差异性原理，本部分将整体评价指标进行了分类凝练，使用“生产效率相对有效性”BCCWH模型来分析长三角地区休闲体育产业的融资水平差异和综合融资水平。

1. 测度思路

首先将长三角地区所有的休闲体育企业分成三类，即大型休闲体育企业、中型休闲体育企业和小型休闲体育企业。为了评价这三类企业融资水平的差异

性，我们选择“融资政策指标”A_1、“融资外向依赖性指标”B_6、“官办融资规模指标”B_8、“民间融资规模指标”B_9和“融资风险指标”A_4作为模型“输入性”指标；选择“休闲体育企业固定资产年净值”Y_1、“休闲体育企业流动资金”Y_2、“休闲体育企业职工人数”Y_3、“休闲体育企业总产值”Y_4和“休闲体育企业上缴利税总额”Y_5等五个指标作为休闲体育企业融资水平的“产出性”指标。按照金融投资学的基本原理，融资政策偏好性是影响休闲体育产业融资规模和融资质量的重要环境变量，国家刺激性财政政策和政府积极融资政策对休闲体育产业影响重大；一般来说，外向依赖性较强的休闲体育企业，其融资规模和融资质量与“非外向依赖性企业”差别很大；官办融资规模和民间融资规模的差异性直接影响休闲体育产业流动资金的多少和企业再生产能力的高低；充满各种内外部不确定性的休闲体育企业融资水平往往较低，因此其上缴利税和企业总产值也相对较低。

2. 数据来源

我们所用数据均来自《2000—2020 中国产业统计年鉴》、《2000—2020 中国体育年鉴》和《政府公报》，具体计算结果参照了中国商务部网站、中国商会网站、中国体育协会网站、中国产经新闻网、澎湃新闻网、中国金融协会网站、中国体育产业网、中国证券网、中国银行业联盟网等网站的数据；宏观经济数据来源于中国政府网站、中国体育产业促进会网站。对于休闲体育产业融资政策数据、融资规模数据和融资风险数据均进行了精准校对，最后得到原始数据矩阵（表 4.12），这些数据将在下面的实证分析中灵活运用。

表 4.12 长三角地区休闲体育产业融资水平评价原始数据矩阵

评价指标及标识	大型休闲体育企业	中型休闲体育企业	小型休闲体育企业
“融资政策指标”A_1（件）	182	66	21
“融资外向依赖性指标”B_6（%）	12.88	24.81	52.92
“官办融资规模指标”B_8（亿元）	11 891.72	6 281.79	1 103.27
“民间融资规模指标”B_9（万元）	2 768 901.18	5 872 972.22	8 189 278.36
“融资风险指标”A_4（%）	7.882	23.917	58.719
“休闲体育企业固定资产年净值”Y_1（亿元）	38 291.20	5 239.72	1 019.38

续 表

评价指标及标识	大型休闲体育企业	中型休闲体育企业	小型休闲体育企业
“休闲体育企业流动资金” Y_2（亿元）	9 237.57	1 200.89	427.62
“休闲体育企业职工人数” Y_3（万人）	1 128.72	592.18	124.82
“休闲体育企业总产值” Y_4（亿元）	43 279.29	10 291.36	3 578.99
“休闲体育企业上缴利税总额” Y_5（亿元）	22 981.17	8 892.48	1 024.96

注：“融资外向依赖性指标”是指休闲体育企业的融资外向依存度，用百分比表示；外向依存度越高说明企业融资水平越低；反之越高。“融资风险指标”是指休闲体育企业“非制度化融资占比”，其计算公式为：休闲体育企业融资风险 =（非制度化融资规模 / 制度化融资规模）×100%。该指标越高说明休闲体育企业的融资风险越大；反之越小。

3. 实证分析及结论

首先，定义不同类型：

$$38\,291.20u_1+9\,237.57u_2+1\,128.72u_3+43\,279.29u_4+22\,981.17u_5$$

投入综合值为：

$$182v_1+12.88v_2+11\,891.72v_3+2\,768\,901.18v_4+7.882v_5$$

其中，u_1、u_2、u_3、u_4、u_5和v_1、v_2、v_3、v_4、v_5分别表示产出和投入的权重系数。由此可以得到大型休闲体育企业相对效率指标h_1：

$$h_1=\frac{38\,291.20u_1+9\,237.57u_2+1128.72u_3+43\,279.29u_4+22\,981.17u_5}{182v_1+12.88v_2+11\,891.72v_3+2\,768\,901.18v_4+7.882v_5}$$

同理可以得到“中型休闲体育企业”和“小型休闲体育企业”的总投入和总产出比率h_2和h_3：

$$h_2=\frac{5\,239.72\alpha_1+1\,200.89\alpha_2+592.18\alpha_3+10\,291.36\alpha_4+8\,892.48\alpha_5}{66\beta_1+24.81\beta_2+6\,281.79\beta_3+5\,872\,972.22\beta_4+23.917\beta_5}$$

$$h_3=\frac{1\,019.38\mu_1+427.62\mu_2+124.82\mu_3+3\,578.99\mu_4+1\,024.96\mu_5}{21\eta_1+52.92\eta_2+1103.27\eta_3+8\,189\,278.36\eta_4+58.719\eta_5}$$

其中，α、β、μ、η分别表示“中型休闲体育企业”和“小型休闲体育企业”产出和投入权重系数。假定h_i的值不超过 1，也就是说当第k个企业h_k等于 1 时，说明该企业相对于其他企业来说生产率最高，或者说这一融资系统就是有效的；如果第k个企业h_k小于 1 时，说明该企业相对于其他企业来说生产率有待提高，或者说这一融资系统是低效的甚至是无效的。于是我们可以建立不同类型休闲体育企业生产效率最优化模型 $\max h_i$，即：

$$\max h_i = \frac{38\,291.20u_1 + 9\,237.57u_2 + 1128.72u_3 + 43\,279.29u_4 + 22\,981.17u_5}{182v_1 + 12.88v_2 + 11\,891.72v_3 + 2\,768\,901.18v_4 + 7.882v_5}$$

则有：$h_1 \leqslant 1$，$h_2 \leqslant 1$，$h_3 \leqslant 1$。将分式规划还原成线性规划，可以得到生产效率最优化线性模型：

$$s.t\begin{cases}38\,291.20u_1 + 9\,237.57u_2 + 1128.72u_3 + 43\,279.29u_4 + 22\,981.17u_5 \leqslant \\ 182v_1 + 12.88v_2 + 11\,891.72v_3 + 2\,768\,901.18v_4 + 7.882v_5 \\ 5\,239.72\alpha_1 + 1\,200.89\alpha_2 + 592.18\alpha_3 + 10\,291.36\alpha_4 + 8\,892.48\alpha_5 \leqslant \\ 66\beta_1 + 24.81\beta_2 + 6\,281.79\beta_3 + 5\,872\,972.22\beta_4 + 23.917\beta_5 \\ 1\,019.38\mu_1 + 427.62\mu_2 + 124.82\mu_3 + 3\,578.99\mu_4 + 1\,024.96\mu_5 \leqslant \\ 21\eta_1 + 52.92\eta_2 + 1103.27\eta_3 + 8\,189\,278.36\eta_4 + 58.719\eta_5 \\ 182v_1 + 12.88v_2 + 11\,891.72v_3 + 2\,768\,901.18v_4 + 7.882v_5 = 1\end{cases}$$

其对偶问题为：

$$s.t\begin{cases}182\lambda_1 + 66\lambda_2 + 21\lambda_3 \leqslant 1820 \\ 12.88\lambda_1 + 24.81\lambda_2 + 52.92\lambda_3 \leqslant 128.8 \\ 11\,891.72\lambda_1 + 6\,281.79\lambda_2 + 1103.27\lambda_3 \leqslant 118\,917.2 \\ 2\,768\,901.18\lambda_1 + 5\,872\,972.22\lambda_2 + 8\,189\,278.36\lambda_3 \leqslant 27\,689\,011.8 \\ 7.882\lambda_1 + 23.917\lambda_2 + 58.719\lambda_3 \leqslant 78.82 \\ 38\,291.20\lambda_1 + 5\,239.72\lambda_2 + 1\,019.38\lambda_3 \geqslant 382\,912 \\ 9\,237.57\lambda_1 + 1\,200.89\lambda_2 + 427.62\lambda_3 \geqslant 92\,375.7 \\ 1128.72\lambda_1 + 592.18\lambda_2 + 124.82\lambda_3 \geqslant 11\,287.2 \\ 43\,279.29\lambda_1 + 10\,291.36\lambda_2 + 3\,578.99\lambda_3 \geqslant 432\,792.9 \\ 22\,981.17\lambda_1 + 8\,892.48\lambda_2 + 1\,024.96\lambda_3 \geqslant 229\,811.7\end{cases}$$

其次，对比长三角地区三省一市休闲体育产业融资水平进行综合测度及比较，基本参考数据如表 4.13 所示。

表 4.13　长三角地区三省一市休闲体育产业融资指标标准化数据

评价指标及标识	上海市	江苏省	浙江省	安徽省
“融资政策指标” A_1（件）	37	56	41	12
“融资外向依赖性指标” B_6（%）	12.72	8.25	9.61	78.19

续 表

评价指标及标识	上海市	江苏省	浙江省	安徽省
“官办融资规模指标” B_8（亿元）	4 417.28	6 533.91	5 628.19	2 781.46
“民间融资规模指标” B_9（万元）	6 102 981.28	4 271 871.29	5 872 910.27	1 102 383.55
“融资风险指标” A_4（%）	18.73	8.92	11.82	59.24
“休闲体育企业固定资产年净值” Y_1（亿元）	9 982.73	13 824.58	12 237.91	5 238.91
“休闲体育企业流动资金” Y_2（亿元）	2 487.87	4 237.48	3 127.99	558.29
“休闲体育企业职工人数” Y_3（万人）	421.27	532.18	510.86	289.12
“休闲体育企业总产值” Y_4（亿元）	8 989.12	22 214.21	16 721.94	2 109.48
“休闲体育企业上缴利税总额” Y_5（亿元）	7 982.39	12 891.35	9 726.57	1 002.33
全要素相对生产率（DEA 评价值）	0.909 1	0.988 2	0.942 7	0.372 5
排序	3	1	2	4

表 4.13 说明：①就全要素综合生产率指标来说，江苏省是长三角地区融资水平最高的地区，而安徽省是长三角地区融资水平最低的地区，排在安徽省前面的依次是上海市和浙江省。②就省份差异来说，江苏省、浙江省和上海市休闲体育产业的全要素 DEA 评价值是安徽省的近三倍，这表明长三角地区休闲体育产业融资水平空间差异性显著，沿海省份的全要素生产率远远高于内陆省份。③各分指标 DEA 值的波动幅度和综合全要素生产率的 DEA 值波动幅度一致。促进长三角地区休闲体育产业融资规模和融资质量和谐发展的重中之重是解决区域发展的失衡问题，而不是解决增量的变化幅度和单边的优势强化问题。④安徽省区域战略地位极为雄厚，不能将安徽省排除在长三角休闲体育产业融资水平分析区域之外。

根据包络分析法原理构建江苏省的 DEA 模型如下：

$$\min V_D = \theta$$

$$
s.t\begin{cases}
37\lambda_1+56\lambda_2+41\lambda_3+12\lambda_4+s_1^-=56\theta \\
12.72\lambda_1+8.25\lambda_2+9.61\lambda_3+78.19\lambda_4+s_2^-=8.25\theta \\
4\,417.28\lambda_1+6\,533.91\lambda_2+5\,628.19\lambda_3+2\,781.46\lambda_4+s_3^-=6\,533.91\theta \\
6\,102\,981.28\lambda_1+4\,271\,871.29\lambda_2+5\,872\,910.27\lambda_3+1\,102\,383.55\lambda_4+s_4^-=4\,271\,871.29\theta \\
18.73\lambda_1+8.29\lambda_2+11.82\lambda_3+59.24\lambda_4+s_5^-=8.92\theta \\
9\,982.73\lambda_1+13\,824.58\lambda_2+12\,237.91\lambda_3+5\,238.91\lambda_4-s_1^+=13\,824.58 \\
2\,487.87\lambda_1+4\,237.48\lambda_2+3\,127.99\lambda_3+558.29\lambda_4-s_2^+=4\,237.48 \\
421.27\lambda_1+532.18\lambda_2+510.86\lambda_3+289.12\lambda_4-s_3^+=532.18 \\
8\,989.12\lambda_1+22\,214.21\lambda_2+16\,721.94\lambda_3+2\,109.48\lambda_4-s_4^+=22\,214.21 \\
7\,982.39\lambda_1+12\,891.35\lambda_2+9\,726.57\lambda_3+1\,002.33\lambda_4-s_5^+=12\,891.35 \\
\lambda_j\geqslant 0,\theta\text{无约束}
\end{cases}
$$

求解可以得到：

$$\theta=0.912\,6，\lambda_1=0.884\,8，\lambda_2=\lambda_3=\lambda_4=0$$

$$s_1^-=212.89,s_2^-=0,s_3^-=98.26,s_4^-=0,s_5^-=112.95$$

$$s_1^+=0,s_2^+=110.25,s_3^+=s_4^+=0,s_5^+=276.55$$

因此调整方案为（表 4.14）：

表 4.14　江苏省休闲体育产业融资数据调整结果

评价指标及标识	调整前	调整后
“融资政策指标” A_1（件）	56	56 × 0.912 6+212.89=263.99
“融资外向依赖性指标” B_6（%）	8.25	8.25 × 0.912 6=7.52
“官办融资规模指标” B_8（亿元）	6 533.91	6 533.91 × 0.912 6+98.26=6 061.10
“民间融资规模指标” B_9（万元）	4271 871.29	4 271 871.29 × 0.912 6=3 898 509.73
“融资风险指标” A_4（%）	8.92	8.92 × 0.912 6+112.95=121.09
“休闲体育企业固定资产年净值” Y_1（亿元）	13 824.58	13 824.58
“休闲体育企业流动资金” Y_2（亿元）	4 237.48	4 237.48−110.25=4 127.23
“休闲体育企业职工人数” Y_3（万人）	532.18	532.18
“休闲体育企业总产值” Y_4（亿元）	22 214.21	22214.21
“休闲体育企业上缴利税总额” Y_5（亿元）	12 891.35	12 891.35−276.55=12 614.80

同样道理可以得到上海市、浙江省和安徽省的调整后数据，经过综合比对后我们发现，江苏省休闲体育产业的总体融资水平最高，其后依次是浙江省、上海市和安徽省。

4.4.3 珠三角地区休闲体育产业融资水平测度

1. 珠三角地区休闲体育产业融资分析指标权重及说明

据统计，在我国休闲体育用品市场上，有35.5%的休闲体育用品生产厂家集中在珠三角地区，如体育运动服装品牌阿迪达斯、李宁、彪马、361°等。一方面是由于珠三角地区一直是我国市场经济较为发达的地区，另一方面是由于闽粤文化的商品经济意识使然。珠三角地区的休闲体育产业产值占到了全国休闲体育用品产值的21.88%。根据零点公司和我国体育商会的统计，珠三角地区贡献了全国78.99%的广大市场，成为推动我国体育市场经济的“桥头堡”和“排头兵”。在新时代社会主义市场经济的关键时期，准确评价珠三角地区休闲体育产业的融资水平，为未来我国政府体育融资决策提供科学的统计依据，既是促进我国南部地区市场改革的必然要求，也是推动休闲体育用品国际化的内在诉求。我们以广东省为例，采用三级层次分析法科学评价珠三角地区休闲体育用品的融资水平。根据前文梳理的理论模型和已经构建的评价指标体系，我们首先确定包括融资政策指标（A_1）、融资质量指标（A_2）、融资规模指标（A_3）、融资风险指标（A_4）、融资合理性指标（A_5）、融资生态性指标（A_6）在内的6个一级指标、16个二级指标和55个三级指标的权重（表4.15）。

表 4.15　珠三角地区休闲体育产业融资水平评价指标权重

一级指标权重	二级指标权重	三级指标	相对权重
融资政策指标（A_1）0.25	财政政策（B_1）0.25	积极财政政策（政策文件的数量，件）	0.3
		消极财政政策（政策文件的数量，件）	0.3
		中性财政政策（政策文件的数量，件）	0.4
	产业政策（B_2）0.25	产业扩张政策（产业扩张速度，%）	0.5
		产业稳定政策（产业稳定政策数量，件）	0.2
		产业紧缩政策（产业紧缩政策数量，件）	0.3
	货币政策（B_3）0.25	扩张性货币政策(扩张性货币政策数量,件)	0.5
		紧缩性货币政策(紧缩性货币政策数量,件)	0.5
	贸易政策（B_4）0.25	积极贸易政策（积极贸易政策数量，件）	0.5
		稳定性贸易政策(稳定性贸易政策数量,件)	0.3
		保守性贸易政策(保守性贸易政策数量,件)	0.2
融资质量指标（A_2）0.15	休闲体育产业自我破产率（B_5）0.45	官办休闲体育产业自我破产率（%）	0.6
		中小休闲体育企业自我破产率（%）	0.4
	休闲体育产业外向依赖性（B_6）0.25	紧致型外向依赖性（外向依存度，%）	0.5
		松散型外向依赖性（外向依存度，%）	0.5
	休闲体育产业融资征信评级(（B_7）0.30	优等征信评价（91—100 分）	0.6
		中等征信评价（61—90 分）	0.2
		劣等征信评价（0—60 分）	0.2
融资规模指标（A_3）0.30	官办融资规模（B_8）0.65	官办资本占比（%）	0.6
		休闲体育产业上市融资规模（万元）	0.3
		其他内源性官办融资额度（万元）	0.1
	民办融资规模（B_9）0.35	民办资本总额度（万元）	0.5
		民办休闲体育企业三板上市公司数量(家)	0.3
		民办休闲体育企业其他融资额度（万元）	0.2

续 表

一级指标权重	二级指标权重	三级指标	相对权重
融资风险指标（A_4）0.10	融资法律风险（B_{10}）0.45	特定时期融资纠纷案件比例（%）	0.8
		特定时期融资纠纷案件结案比（%）	0.2
	融资环境风险（B_{11}）0.35	融资政策冲突比（%）	0.7
		自然灾害破坏力（%）	0.3
	融资道德风险（B_{12}）0.20	企业融资管理人员道德标兵占比（%）	0.4
		企业员工优秀劳动模范占比（%）	0.6
融资合理性指标（A_5）0.10	融资渠道合法性（B_{13}）0.45	制度化融资额度占比（%）	0.6
		非制度化融资额度占比（%）	0.3
		半强制性融资占比（%）	0.1
	融资方式伦理性（B_{14}）0.55	非法集资占比（%）	0.7
		不可赎回式众筹融资占比（%）	0.3
融资生态性指标（A_6）0.10	融资包容性（B_{15}）0.50	融资程序出错概率的包容程度（%）	0.6
		实体融资出错概率的容忍机制（%）	0.4
	融资生态性（B_{16}）0.50	融资企业的环保指数（%）	0.5
		融资企业的生态补偿指数（%）	0.3
		融资企业的环境共生指数（%）	0.2

在确定了各评价指标权重的前提下，我们需要参照中国人民银行制定的融资水平评价指标体系，结合朱志坚（2010—2020）的研究对珠三角地区广东省休闲体育产业投融资水平进行综合测度，并根据空间异质性特点计算广东省各地级市休闲体育产业投融资水平的差异性（表 4.16）。

表 4.16　休闲体育企业投融资水平评价标准

融资级别	融资水平得分	休闲体育企业融资基本面
极高	9—10	融资政策环境很好，企业融资规模很大，融资质量优秀，没有出现企业破产甚至拖欠银行贷款的现象，企业董事局结构合理，权力配置较好。企业经营风险很小，合作伙伴净资产收益率相对稳定，企业固定资产和流动资金来源合法，企业特别注重对生态环境的保护，生态补偿资金占到企业总资产的比例达到或者超过 6.5%（国际标准为 6.8%）

续 表

融资级别	融资水平得分	休闲体育企业融资基本面
高	8—9	融资政策利好明显，企业融资规模很大，很少出现企业自我破产现象，企业权力结构相对合理。经营风险很小，关联企业效益很好，流动资金来源充足，生态保护投资很高（占总资产比例超过 4%；国际标准为 4.5%）
较高	7—8	融资政策利好显著，企业融资规模较大，出现企业自我破产现象，企业权力结构相对合理。经营风险较小，关联企业效益较好，流动资金来源多样，生态保护投资较高（占总资产比例超过 3%；国际标准为 3.3%）
一般	6—7	融资政策利好一般，企业融资规模尚可，逐渐出现企业自我破产现象，企业权力结构出现问题。经营风险逐步提高，关联企业效益一般，流动资金来源不足，生态保护投资较低（占总资产比例超过 2%；国际标准为 2.8%）
较差	4—6	融资政策利空明显，企业融资规模萎缩，出现较多企业自我破产现象，企业权力结构问题较多。经营风险较大，关联企业效益较差，流动资金来源缺失，生态保护投资逐步缩小（占总资产比例超过 1%；国际标准为 1.6%）
差	3—4	融资政策环境利空明显，企业融资规模快速缩水，出现很多企业自我破产现象，企业权力结构很不合理。经营风险很大，关联企业效益缩水明显，流动资金来源严重不足，生态保护投资很小（占总资产不超过 1%；国际标准为 1.2%）
极差	1—3	融资政策执行力度极差，企业融资规模大幅下降，出现大规模企业自我破产现象，企业权力结构几近失控。经营风险极高，关联企业效益极差，流动资金链断裂，生态保护投资极少（占总资产比例低于 0.3%；国际标准为 0.8%）

表 4.16 数据参考了国资委 2015 年制定的《企业绩效评价标准值》。在计算过程中将全部体育休闲产业最后权重乘 10 得出各休闲体育企业最终得分，并从极高到极差划分为 7 个层次，以此评价休闲体育产业融资水平。

2. 珠三角地区各地级市休闲体育产业融资水平比较

根据以上标准，结合本次层次分析法的综合得分情况，我们对珠三角地区广东省 21 个地级市休闲体育产业融资水平进行了评价，排名情况如表 4.17 所示。

表 4.17　珠三角地区各地级市休闲体育企业投融资水平比较

区域	融资政策得分	融资质量得分	融资规模得分	融资风险得分	融资合理性得分	融资生态性得分	总得分	排　名
广州市	2.718	3.529	5.882	1.191	3.776	4.228	21.324	2

区域	融资政策得分	融资质量得分	融资规模得分	融资风险得分	融资合理性得分	融资生态性得分	总得分	排 名
深圳市	3.227	4.218	5.927	0.998	4.228	5.126	23.724	1
珠海市	2.256	3.187	3.229	1.112	3.289	6.114	19.187	3
东莞市	1.447	2.778	2.791	2.122	3.671	4.281	17.09	5
中山市	1.689	2.683	3.555	2.118	3.576	3.121	16.742	6
佛山市	1.577	2.114	3.221	2.228	3.121	3.001	15.262	7
江门市	1.644	2.009	2.190	2.090	3.112	3.442	14.487	9
肇庆市	1.887	2.442	2.839	2.198	3.981	4.889	18.236	4
惠州市	1.221	3.198	2.777	1.772	3.781	2.198	14.947	8
汕头市	2.778	2.816	1.998	1.663	2.777	2.198	14.23	10
潮州市	2.198	2.173	1.554	0.892	2.416	3.198	12.431	11
揭阳市	0.998	2.187	0.893	2.118	2.143	3.119	11.458	13
汕尾市	0.798	1.998	0.888	2.981	1.998	3.109	11.772	12
湛江市	0.885	1.783	0.798	2.179	1.782	2.898	10.325	15
茂名市	1.119	1.997	1.111	1.447	1.555	2.387	9.616	16
阳江市	1.210	2.118	1.027	1.376	1.224	1.839	8.794	18
云浮市	1.217	2.112	1.003	1.222	1.387	1.387	8.328	20
韶关市	0.826	2.763	0.779	1.987	1.424	2.557	10.336	14
清远市	0.663	0.887	0.673	2.445	2.198	2.187	9.053	17
梅州市	0.524	0.778	0.554	1.387	2.182	3.198	8.623	19
河源市	0.338	0.221	0.442	0.773	0.995	3.888	6.657	21

其中：广州市、深圳市、珠海市、东莞市、中山市、佛山市属于珠三角地区第一梯队城市；江门市、肇庆市、惠州市、汕头市、潮州市、揭阳市、汕尾市、湛江市、茂名市属于第二梯队城市；阳江市、云浮市、韶关市、清远市、梅州市、河源市属于第三梯队城市。

我们按照等级分类法将广东省21个地级市休闲体育产业融资水平进行了投影化分析，结果表明：①珠三角地区休闲体育产业融资水平呈现出参差不齐的现象，空间差异性显著。其中，第一名深圳市和最后一名河源市的总得分差距为17.067分，这说明同为经济发达的珠三角地区的不同区域，其休闲体育产业的发展极不均衡。这也提示我们促进珠三角地区休闲体育产业的跨越式发展必须注重官办融资和民办融资的均衡配置问题，要把绝大多数社会资金投入到边远地区休闲体育产业的发展中去，否则显性失衡的产业结构和空间配置必然制约整个珠三角地区休闲体育产业的和谐发展。②珠三角地区休闲体育产业融资呈现明显的空间集聚现象。其中，第一梯队空间集聚的核心点为“深圳市”和“广州市”，第二梯队空间集聚的核心点为“汕头市”和“潮州市”，第三梯队空间集聚的核心点为“韶关市”和“清远市”。这说明空间差异化已经成为珠三角地区休闲体育产业发展的重要障碍，必须尽快加以解决。③就融资生态性指标来说，珠三角地区应该加快研究将高污染休闲体育企业转移到生态指标较高地区的战略和策略问题，因为生态指标较高的河源市和梅州市不仅地理位置优越，而且各种休闲资源极为优厚，将休闲体育优势产业集中到这些地区发展不仅有利于该地区的精准扶贫工作，而且可以促进当地的就业水平和生活水平的提高。不仅如此，随着大型城市开发成本的上升和休闲体育资源的饱和，生态环境优秀地区的休闲体育产品开发的潜力更加巨大。

第 5 章　生态文化对休闲体育产业融资影响的实证分析

文化是一个民族生生不息的思想灵魂，也是一个国家或地区文明变迁的精神依托。在体育竞技基础上发展起来的休闲体育文化本质上就是一种生态文化，这种文化以人与自然的共生共存为基本目标、以人与自然的和谐发展为价值期盼、以人与自然的相互依存为理性支柱，追求参与到体育事业中的所有元素的生态本质。我们以生态文化作为自变量、以休闲体育产业融资作为因变量，试图通过实证模型探讨生态文化在休闲体育产业融资过程中的重要作用，以期推动休闲体育产业和生态文明的良性耦合与健康发展。

5.1　研究假设

关于生态文化与体育产业的辩证关系问题，绝大多数学者仅仅从产业发展的宏观视角探讨生态环境保护的文化元素对于体育产业发展的影响。王俊馨（2017）从金融文化、宏观经济伦理、科技研发道德等三个方面建立了评价指标体系，指出区域经济生态文化对中小休闲体育产业产生了重要影响，一般来说包容性的区域经济生态文化能够提高中小休闲体育产业的融资力度，而封闭性或者专制性的区域经济生态文化则容易降低中小休闲体育产业的融资力度，甚至还会阻断中小休闲体育产业健康发展的外部资金来源和流动资金盈余；并得出结论，认为金融文化、金融精神、金融效率评价、金融底层文化分别反映了中小休闲体育企业金融创新理念、金融服务水平、资金利用效率、金融诚信底线的情况，因而成为衡量中小休闲体育产业融资规模的重要变量。张小林、周道平、肖红青、刘少英等（2004）研究了西部地区休闲旅游文化对区域休闲体育产业投融资模式的影响，指出必须引进风险投资发展西部地区休闲体育旅游业，强调没有外部产业资本的介入，西部地区的休闲体育产业将很难获得官办和民间资本的支持。张钰（2019）研究了资本性生态系统的文化变迁对休闲体育产业发展的影响，指出各类产业之间长期形成的竞争性文化氛围对于休闲体育产业的融资具有重要影响，在一定意义上可以说是休闲生态文化铸就了休闲体育产业的发展，没有了生态文化的宏观指引，再发达的经济结构也很难吸引到各种社会资本。单凤霞（2019）对生态文明的体育价值给予了高度关注，指出文化是城市休闲延续的“遗传密码”，不同地域文化孕育了不同的城市休闲传统；生态文明的变迁与休闲体育事业是相互促进的互动过程，一方面生态的文明化可以推动城市和乡村体育事业的发展，另一方面休闲体育产业，尤其是城市休闲体育产业的发展为区域生态文明的变迁注入了强大的人本主义体育元素。

总体来看，学术界关于生态文化对休闲体育产业投融资规模影响机制的研究具有一定的学术价值和实践意义，但是细心观察后我们发现，以往的研究明显存在以下不足：一是研究视角相对狭窄。绝大多数学者的研究是从生态文化的某一个侧面研究生态文化整体对休闲体育产业融资规模和质量的影响，但是对于生态文化的综合性作用缺乏实证分析。有些实证研究虽然表达了作者试图对数据进行分析从而得出某些科学结论的愿望，但是这些实证分析的视角往往局限在整体体育产业的融资方面，而没有针对性地研究生态文化对休闲体育产业融资的影响。二是研究方法相对简单。绝大多数研究使用了线性叠加模型和显性关联模型，但是对这两种模型的建构缺乏深度，相关的模型流于“为实证而实证”的领域，因此整体研究难以服众。三是研究结论有待商榷。上述研究方法和研究视角方面的缺陷，导致学者们的研究结论过于简单并存在错漏。有些结论完全是定性化的结论，而不是科学的实证结论。基于以上分析，我们认为有必要从更加精准的视角研究生态文化对休闲体育产业融资规模和质量的影响，以期促进体育生态学的学科进展和概念体系的完善。

笔者首先对传统最小二乘估计的经典假设进行了梳理（表 5.1）。表 5.1 说明任何线性回归模型必须具有以下几个假设条件：参与到模型中的数据均值不能为零，所有变量满足同方差属性，各变量之间不能“自相关”。如果均值为零表明数据存在正负系数的非标准化情况，可能是相互因果关系使然；如果不能满足同方差属性表明所有数据之间可能存在变量遗漏情况；如果变量之间自相关表明内生性严重，必须接受严苛的数据校验。

表 5.1　传统最小二乘估计的经典假设

模型基本形式	经典假设
$W_i = \alpha_0 + \alpha_1 X_i + \varepsilon_i (i = 1,2,\cdots,n)$	$Effect(\varepsilon_i) = 0; \mathrm{cov}(\varepsilon_i, \varepsilon_j) = 0 (i \neq j, i, j = 1,2,\cdots,n)$
	$\mathrm{Var}(\varepsilon_i) = \sigma^2; \mathrm{cov}(X_i, \varepsilon_i) = 0; \varepsilon_i \Rightarrow N(0,\sigma^2).(i = 1,2,\cdots,n)$

在此基础上，本书结合王俊馨（2017）的研究和 Sinhang.Acat（2020）的研究，拟作如下假设。

首先，文化是可以用数据加以相对度量的元素。人们传统上一直认为文化是不可度量的元素，因为文化是主观性的东西，不可能也没有必要对文化进行准确度量。然而正如爱因斯坦承认“不可见量子作用”客观存在的假设一样，我们直觉或者说理性认为不可能的事情往往起着巨大的客观作用。基于此，我们在“文化不能被绝对精准度量”的假设下进行了二次假定，即“文化是可以用数据加以相对度量的元素”。比如，我们可以用村庄文化大院的数量及增长速度衡量农村休闲体育产业融资水平问题，用生态文化正面效应的确认人数确定生态文化对休闲体育产业融资规模的影响等。

其次，生态文化是可以用数据加以相对度量的元素。不仅各级各类文化是可以根据相对性的数据加以有效确认，而且生态文化的作用也是可以用现实数据加以相对度量的，如我们可以用调查问卷的方式集结专家意见进而得出生态文化的系列数据等。现实中衡量一个国家或地区文化质量的重要标准就是文化对生态自然的破坏程度、文化的超强负面环境破坏力等。

最后，生态文化对休闲体育产业融资具有确定性的影响。虽然有分析表明良好的生态环境诉求、友善的生态理念、优雅的生态环境意识、和谐的生态思维都会促进产业融资的整体水平，但是学术界和官方对这一领域的研究大多局限在定性讨论领域，还没有科学的实证分析证明这一假说。基于此，本书假定生态文化对休闲体育产业融资规模和质量存在确定性影响，而且随着生态文化环境的不断优化，生态文化的产业融资助推作用会愈加明显。

5.2　指标及变量选择

作为一种实体属性与虚拟属性相互结合的产业，休闲体育产业的投融资模式的影响因素多种多样。本书从影响休闲体育产业的众多生态文化因素中选择

“生态习俗维护”“生态教育推广”“生态科技创新能力”“生态文化宣传”“生态安全意识”“公众绿色意识”作为解释变量，选择“休闲体育产业融资规模”“休闲体育产业融资质量”“休闲体育产业融资频次”作为被解释变量，并借此来实证分析生态文化对休闲体育产业的影响机制和特点，以期推进生态体育学的学科发展和理论变迁。

5.2.1 主要变量含义及描述性统计

我们共选择 3 个被解释变量、6 个解释变量和 3 类控制变量来实证分析生态文化对休闲体育产业融资水平的影响，主要变量标识及定义如下（表 5.2）。

表 5.2 生态文化影响休闲体育产业融资主要变量标识及定义

变量名称	英文标识	变量定义	变量单位	变量序号
被解释变量				
休闲体育产业融资规模	Finance Scale	休闲体育产业年度融资总额	亿元	Y1
休闲体育产业融资质量	Finance Quality	休闲体育产业融资有效产出率	%	Y2
休闲体育产业融资频次	Finance Times	休闲体育产业融资次数	次	Y3
解释变量				
生态习俗维护	Ecology Habit	生态非物质文化投资额度	万元	X1
生态教育推广	Ecology Education	生态教育推广机构数量	家	X2
生态科技创新能力	Ecology Creativity	生态科技创新投资额度	百万元	X3
生态文化宣传	Ecology Advertisement	生态文化宣传机构数量	家	X4
生态安全意识	Ecology Safety	生态安全事故发生率	%	X5
公众绿色意识	Ecology Green	电动交通车辆销售量	万台	X6
控制变量				
积极财政政策	Positive Finance	积极财政政策文本数量	件	P1
中性财政政策	Mid Finance	中性财政政策文本数量	件	P2
扩张性产业政策	Expansible Industrial	扩张性产业政策文本数量	件	P3
稳定性产业政策	Firm Industrial	稳定性产业政策文本数量	件	P4
扩张性货币政策	Expansible Money	扩张性货币政策文本数量	件	P5
紧缩性货币政策	Compact Money	紧缩性货币政策文本数量	件	P6

续 表

变量名称	英文标识	变量定义	变量单位	变量序号
消极性贸易政策	Negative Trade	消极性贸易政策文本数量	件	P7
保守性贸易政策	Conservative Trade	保守性贸易政策文本数量	件	P8
融资纠纷案件	Finance Dispute	融资纠纷案件数量	件	R1
融资案件结案	Dispute Processing	融资案件结案率	%	R2
自然灾害破坏力	Natural Disaster	年度自然灾害发生的次数	次	R3
企业管理人员道德标兵比	Ethic Person	道德标兵占企业全部职工的比例	%	R4
非制度化融资比例	Non-systematic	非制度化融资占全部融资的比例	%	R5
企业地缘优势	Geographic Advantage	距离沿海的欧氏距离	千米	S1
企业交通优势	Traffic Advantage	企业所在城市高铁通车里程	千米	S2
企业所在城市基础设施投资	Infrastructure	企业所在城市基础设施投资额度	亿元	S3
企业家庭拥有汽车情况	Car Quantity	企业家庭拥有汽车数量	辆	S4
企业地理开放性	Space Opening	企业所在城市外地车牌挂牌数量	辆	S5

本模型使用的数据全部来自各级政府网站和中国体育协会公报。为了细化研究的精准性，我们采用2020年调研数据来实证分析体育文化对休闲体育产业融资水平的影响，根据多元实证分析Logistic模型的要求，在研究过程中对相关数据进行了标准化处理。各个变量的最大值、最小值、均值和标准差如表5.3所示。

表 5.3　生态文化影响休闲体育产业融资主要变量描述性统计

变量名称	最大值	最小值	均　值	标准差
休闲体育企业融资规模	1 126.11	210.37	556.92	449.28
休闲体育产业融资质量	82.57	21.44	52.86	47.99
休闲体育产业融资频次	101	21	58	46
生态习俗维护	128 932.18	2 831.44	7 261.93	6 219.83
生态教育推广	2817	288	1 692	1 128
生态科技创新能力	7 887.98	908.18	5 218.53	4 478.93
生态文化宣传	889	113	488	378

续　表

变量名称	最大值	最小值	均　值	标准差
生态安全意识	10.98	0.75	5.43	4.78
公众绿色意识	1 827.91	687.22	862.99	726.19
积极财政政策	125	21	66	57
中性财政政策	56	8	32	28
扩张性产业政策	35	4	18	22
稳定性产业政策	276	36	118	124
扩张性货币政策	88	24	39	42
紧缩性货币政策	12	4	6	5
消极性贸易政策	6	1	3	2
保守性贸易政策	28	10	11	15
融资纠纷案件	1 288	254	684	590
融资案件结案	18.99	0.53	11.09	9.88
自然灾害破坏力	836	114	756	624
企业管理人员道德标兵比	21.38	1.28	12.76	11.28
非制度化融资比例	59.27	14.29	33.68	38.61
企业地缘优势	3 798.39	1.27	2 189.03	1 944.37
企业交通优势	289.48	11.27	138.99	157.21
企业所在城市基础设施投资	28 931.59	1 128.32	17 298.49	1 533.24
企业家庭拥有汽车数量	12	0	6	3
企业地理开放性	12 893	228	7 790	8 024

注：本表所指的融资既包括融入资金也包括融出资金，是融入资金和融出资金的总和。

5.2.2　变量解释及说明

研究表明，生态文化辐射的广度和深度对于特定区域休闲体育事业的发展意义重大（张三书，2020）。另外，生态文化的纵深拓展还会直接或间接影响该区域休闲体育产业融资的规模、质量和频次。基于此，我们选取了 3 个被解释变量、6 个解释变量和 3 类控制变量来实证分析生态文化对休闲体育产业的辐射传播力，之所以选取这些变量是基于以下几个方面的考虑。

1.被解释变量说明

（1）关于“休闲体育产业融资规模”变量的说明

无论是通过官办融资渠道还是通过民间融资渠道获得的初始资金，不仅可以解决休闲体育企业发展的物质性需求问题，而且可以弥补企业流动资金的暂时性短缺和不足。基于此，我们将“休闲体育产业融资规模”设定为关键被解释变量，指出休闲体育产业融资规模受到多种因素的制约，研究不同解释变量对“休闲体育产业融资规模”变量的影响对于政府休闲产业和体育产业政策的制定意义重大。

（2）关于“休闲体育产业融资质量”变量的说明

“休闲体育产业融资质量”，是指休闲体育企业通过各种途径获得资金的使用效率和产出效能问题。一般来说，企业获得的融资数量有多有少，而且对于绝大多数休闲体育企业来说每年进行融资的额度也不同。基于此，我们用“休闲体育企业融资产出率”作为衡量“休闲体育产业融资质量”的重要指标，产出率越高说明该休闲体育企业的融资环境越好、融资质量越高；相反，如果该休闲体育企业的融资产出率伴随着融资数量的增加不升反降，说明该休闲体育企业的融资环境变差、融资质量变低。根据国际标准，我们将休闲体育企业融资产出率（Finance Production Rate, FPR）界定为单位时间内该休闲体育企业产出总值与基期总资产的比值，即（伴随着休闲体育用品产出率的提高，休闲体育企业的融资质量也会相应提高）：

$$FPR = \sum_{i=1}^{n} COMPANY_i^t(all) \Big/ \sum_{i=1}^{n} COMPANY_i^t(base)$$

（3）关于“休闲体育产业融资频次”变量的说明

速度是实现效率提升的重要前提和保障。对于蓬勃发展的休闲体育产业来说，较高的资金扩张速度必然带来较高的产出效率。基于此，我们将“休闲体育产业融资频次”变量作为重要的被解释变量，试图通过多元实证模型分析特定区域、特定时间生态文化变迁对休闲体育产业融资水平的影响。“休闲体育产业融资频次”变量作为衡量休闲体育产业融资速度的重要指标，说明特定时间序列内产业融资频次越多，休闲体育企业的融资盈余也就越宽松，企业发展所需要的流动资金和固定资产也就越充足。因此，提高休闲体育企业融资频次是促进休闲体育产业健康发展的重要保障。

2. 核心解释变量说明

（1）关于"生态习俗维护"变量 (Ecology Habit) 的说明

"生态习俗维护"是指古代村落、古代城墙、古代树木、古代艺术、古代文学、古代非物质文化遗产等的保护情况。生态习俗维护对于生态体育事业的发展意义重大。根据张迪（2019）的研究，凡是生态非物质文化保护较好的地区，其体育事业的发展也就较兴盛；而凡是不重视非物质文化生态保护的地区，其休闲体育事业的发展也就较衰落。为了分析生态文化对休闲体育产业融资水平的影响，我们以"生态非物质文化保护投资额度"作为衡量生态习俗维护的重要标准。近年来，伴随着各种非物质文化的挖掘，各地先后出台了非物质文化的修复工程和挽救工程，伴随着政府财政资金的支持和民间资本的介入，诸多非物质文化得以有效传承下来，如陕北民歌保护工程直接带动了民歌体育旅游事业的发展；山东省柳琴直接带动了当地柳琴体育旅游事业的发展；内蒙古自治区呼麦带动了草原休闲体育旅游事业的发展；广西壮族自治区米线配方直接带动了当地休闲体育运动的兴旺；等等。总之，生态习俗维护对于休闲体育产业融资规模和融资质量的提升有着重大影响，因而成为本模型的第一个"解释变量"。

（2）关于"生态教育推广"变量 (Ecology Education) 的说明

"生态教育推广"是指各级各类公办教育机构和私立教育机构对于生态环境污染和生态治理的宣传力度和广度。教育是一个国家或民族变迁的重要基石，失去了生态教育的社会必然变成少数有产者瓜分自然资源的"角斗场"。对于资源稀缺的国家来说，加快生态思维的推广力度、加大生态环境保护的文化投资对于解决环境污染问题意义重大。一般来说，不重视生态环境保护基础教育的国家往往是经济欠发达的国家，与此相应也是休闲体育产业欠发展的国家；相反，那些高度重视生态环境保护意识教育的国家，往往是经济发达休闲体育产业极为昌盛的国家。正如危思思（2017）所证明的："生态教育推广与区域休闲体育产业融资水平必然呈正相关关系。"基于此，我们将"生态教育推广"作为第二个核心解释变量，并借此实证分析生态文化对休闲体育产业融资质量和融资规模的影响。

（3）关于"生态科技创新能力"变量 (Ecology Creativity) 的说明

"生态科技创新能力"是指特定地区用于生态资源保护和生态环境改善的科学技术投资力度和生态科技专利申请规模等。根据零点公司的调查（2010—2020），特定国家或地区投入到生态环境治理领域的科技力量越雄厚，该国家或地区休闲产业的发展就越旺盛。反之，如果不注重生态环境的科技治理，那么该国家或地区休闲事业就会逐渐走向衰落，特别是对于休闲体育产业融资质量的提升来说，科技的推动力量是毋庸置疑的。基于此，我们将“生态科技创新能力”变量作为分析休闲体育产业融资驱动力的第三个解释变量，较高水平的科技创新力度往往意味着较高水平的休闲体育产业融资力度，较低水平的科技创新力度往往意味着较低水平的休闲体育产业融资力度。

（4）关于“生态文化宣传”变量 (Ecology Advertisement) 的说明

“生态文化宣传”是指对于宣传生态环境保护的各种纸质媒体、流媒体、自媒体、泛媒体和融媒体的总称，涉及报纸、杂志、电视、电影、广播等传统媒体和建立在大数据基础之上的各种网络媒体等。在电子媒体日益发达的今天，广泛借助互联网和区块链技术不仅可以提升全社会生态文化的外溢广度，而且可以大大推动休闲体育产业的融资发展水平，大幅度促进休闲体育产业的结构变迁和提高净资产收益率。基于此，我们将“生态文化宣传”变量作为分析休闲体育产业融资驱动力的第四个解释变量，在全社会广泛宣传生态治理价值观和生态补偿理论对于推动休闲体育产业融资规模和融资频次意义重大。如果仅仅具有环境治理的技术而没有环境治理的文化宣传，那么在“酒好也怕巷子深”的年代仅仅依靠“强大自身”是很难实现经济和社会跨越式发展的，休闲体育产业融资也会受到严重影响。

（5）关于“生态安全意识”变量 (Ecology Safety) 的说明

“生态安全意识”是指政府可能在某一时期通过某些国家战略调整现代化的速度和范围，但是发展是最好的社会沉淀剂。在一个生态环境相对安全的社会里，民众的安全意识也异常强烈。与此相适应，各种休闲体育产业的发展也会极为顺畅；反之，在一个生态环境受到化工废气、工业残渣、汽车尾气等污染的情况下，民众的生态安全意识也会变得极为迟钝，休闲体育产业融资质量将大打折扣。

（6）关于“公众绿色意识”变量 (Ecology Green) 的说明

“公众绿色意识”是指公众的资源节约意识（水、电、煤气、汽油、粮食、经济作物消费、耐用消费品等）、低碳消费意识、绿色出行意识等。近年来，随着中国“高铁战略”的持续推进和宇宙航天技术的突飞猛进，以德国为代表的欧洲国家正在大力开发新能源交通项目，如正在修建的 50 公里“自行车高速公路”项目、正在研发的“空中飞人项目”和“地下别墅项目”等，不仅改变了人们对科技现代化的生态认知和惯常思维，而且大大促进了生态交通事业的发展。与此相适应，各种休闲交通旅游更是刷新了人们的“三观”，“公众绿色意识”必将对休闲体育产业的发展产生重大影响。

3. 控制变量说明

为了准确分析上述解释变量对于被解释变量的解释能力，并最大限度地减少变量遗漏和变量失真的问题，我们将控制变量进行了分组，即分成“融资政策控制变量”、“融资风险控制变量”和“融资地理控制变量”，下面分别就这三类控制变量作如下说明。

（1）关于“融资政策控制变量”的说明

融资政策是影响休闲体育企业融资水平的重要“晴雨表”（乐乐，2019）。在一个积极的政策环境里，休闲体育企业融资的数量、融资的质量和融资频次都会相应提高；反之，在一个消极的政策环境里，休闲体育企业融资的数量、融资的质量和融资频次都会相应下降。基于此，融资政策控制变量可分为 8 小类，即“积极财政政策”“中性财政政策”“扩张性产业政策”“稳定性产业政策”“扩张性货币政策”“紧缩性货币政策”“消极性贸易政策”“保守性贸易政策”。产业政策、货币政策、贸易政策的推行都对特定区域休闲体育产业融资水平的提升产生一定影响，因此我们将“融资政策”作为第一组控制变量，试图通过控制这些政策变量研究生态文化促进休闲体育产业融资水平提高的效度问题。

（2）关于“融资风险控制变量”的说明

任何投资都有风险，特别是对于休闲体育产业的发展来说更是如此。如果将这些变量加以控制后，我们发现生态文化对休闲体育产业融资的效度也发生了明显变化，这就说明研究“融资风险控制变量”组的融资作用程度对于本课题的推进意义重大。基于此，我们将“融资纠纷案件数量”“融资案件结案率”“自然灾害破坏力”“企业管理人员道德标兵比”“非制度化融资比例”作为分析生态文化促进休闲体育产业融资风险的五大控制变量，试图通过风险控制问题研究休闲体育企业融资的水平。“融资纠纷案件数量”，是指单位时间内（通常为一年）休闲体育企业因为融资权属、股权转让、配股比例、融资效益和融资监督等问题而发生的纠纷案件的总和。一般来说融资纠纷案件数量和企业融资水平成反比，也就是说休闲体育产业融资纠纷案件数量越少，说明该类产业融资环境越平和，融资稳定性越高，因而整体融资水平也就越高。所谓“融资案件结案率”是指一年内有关休闲体育企业融资纠纷案件的结案比例。一般来说，融资案件结案率 =（单位时间内经过法院审理已经结案存档的融资案件数量 / 该时间段内备案融资纠纷案件总和）× 100%。融资纠纷结案率越高，说明当地的融资环境越好，融资稳定性越强，也表明休闲体育产业的外部法治环境得到了充分保障，因此该企业的融资水平也就越高。“自然灾害破坏力”

是指因自然不可抗力导致的融资连续性中断、企业流动资金链断裂、企业固定资产折旧加速、融资效益大幅度下滑、融资利用率下降的现象和过程。我们以“单位时间内自然灾害发生的次数”作为衡量自然灾害破坏力的重要标准，指出自然灾害破坏力与灾害发生次数呈正态变化态势。也就是说，单位时间内自然灾害发生的次数越多，灾害的破坏力也就越大，对于休闲体育产业融资水平的影响也就越明显。“企业管理人员道德标兵比”是指某一休闲体育企业在特定时期企业管理标兵的人员数量占全部企业职工的比例。这一比例越高说明企业资金的使用效率越高，反之企业融资的质量也就越差。因此，衡量休闲体育企业融资的规模和质量可以通过“企业管理人员道德标兵比”变量加以合理表达。所谓“非制度化融资比例”是指没有经过企业董事的“主客观同意”、没有获得法律机关的法理性“授权”，而是通过组织外力量获得企业发展资金的额度占比。一般来说，这一变量和休闲体育企业的融资质量呈现正态变化的趋势。

（3）关于“融资地理控制变量”的说明

休闲文化是体育活动的生命本质，也是休闲体育产业发展的重要“软力量”（约瑟夫·奈）。正是休闲文化的“软性本质”决定了对不同地区休闲体育产业融资进行横向比较的难度，一方面，不同地区的休闲体育文化对于该地区休闲体育企业的融资规模和融资质量产生不同影响；另一方面，同一地区不同企业的休闲文化也对企业融资规模和融资质量产生实质性的差异化影响。基于此，我们将“企业地缘优势”“企业交通优势”“企业所在城市基础设施投资”“企业家庭拥有汽车数量”“企业地理开放性”作为五大基本的控制变量，试图证明在控制了地缘特征之后，休闲体育文化仍然对休闲体育企业的融资规模和融资质量产生实质性影响。“企业地缘优势”（Geographic Advantage）是指企业所在区域在地理位置上的先天优越性，如靠近交通主干道、靠近省道、靠近商贸集市、靠近原材料主产区等。根据国际交通优势鉴定标准，高铁、高速公路和机场属于国家计划性的经营形态，靠近这些交通设施地区的经济形势并不会因为地理位置的贴近而产生效益递增效应。因此国际上一般以“是否靠近沿海”作为地理位置优越性的主要表现形态，也就是说，越是靠近沿海地区，休闲体育产业融资质量往往越高；反之越低。当然现实中也存在某些沿海地区休闲体育企业融资额度较低的情况，但是在目前的市场惯性机制下，特别是在我国市场经济的一般规律支配下，经济形态的“近海性”是衡量休闲体育产业融资水平的重要标杆。基于此，我们将“距离沿海的欧氏距离”也就是欧几米德直线距离作为衡量休闲体育企业地缘优势的主要变量。之所以没有选取

“马尔科夫距离”作为衡量标准，就是因为马氏距离是以“曲线距离”和“直线距离”的加权平方和为界定标准，这一距离形式在现实中往往存在计量上的高度弹性和不确定性，因此国际上一般采用欧几米德直线距离作为“地缘优越性”的主要衡量标准。“企业交通优势”（Traffic Advantage）是指企业所在城市高铁的通车里程，里程越大说明休闲体育企业的交通便利程度越高，以该企业固定资产和流动资金作为抵押债权的融资额度也就越大（张暴默，2020）；反之也就越少。由于基础设施建设不仅关系到休闲体育企业的发展基本面，而且直接影响到该类企业的物流便利程度、生活便利程度、人才倾向性和法治保障性，所以国际上一般以“企业所在城市基础设施投资额度”（Infrastructure）表示影响休闲体育产业融资水平的重要自变量，指代在控制了基础设施投资额度变量之后，休闲体育产业融资水平呈现出“上扬”或者“下降”的态势。也就是说，研究生态文化对休闲体育产业融资水平的影响必须充分考虑“企业所在城市基础设施投资”变量，否则得出的结论将是不可靠的。“企业家庭拥有汽车数量”（Car Quantity）是指休闲体育企业职工在特定时期内（一般为一年）以家庭为单位的汽车拥有量，这里所说的“拥有”是指完全没有金融机构贷款的汽车拥有量，而不是“存量车贷汽车拥有量”、“增量租车数量”或“临时代驾汽车数量”。按照工业化中期阶段家庭汽车拥有量的平均值，超出家庭成员数量 20% 的汽车拥有量一般意味着该家庭成员所在公司较低的净资产负债率和较高的资产盈利率。休闲体育企业职工家庭拥有汽车数量越少说明该职工所在公司工资收益越低，相应的增量资产收益率也就越低，投融资环境相对较差，整体融资水平有限。根据张娜（2018—2019）的研究，一个地区或一个群体拥有的外地车牌数量与该地区或该群体的地理开放程度密切相关。按照发达国家汽车牌照的派发规律和变迁特点，发达城市外地车牌汽车数量深刻反映着该城市的外向依存度和理念开放性。世界人口超过 2 000 万的大城市中，外地车牌与本地车牌比排名前六名的城市分别是东京、巴黎、纽约、上海、伦敦、北京。显然，东京的地理开放性最高，这也是东京成为全世界人均 GDP 最高城市的重要原因，而北京的外地车牌与本地车牌比仅为 8.9%，说明北京的地理开放性（Space Opening）一般。基于此，我们将休闲体育企业所在城市“外地车牌挂牌数量”作为重要的控制变量，外地车牌挂牌数量越多，说明该城市在地理位置上的优越性越强，开放程度也就越高，相应地，该休闲体育企业的融资质量就会越好，融资数量也就越大。

5.3 理论基础

5.3.1 有限理性经济人假说

作为推动社会生态文明的重要力量，休闲体育企业对人类社会的贡献是极为显著的。之所以选择“有限理性经济人假说”作为我们研究的重要理论支撑，是因为产业工人是文明的创造者，如果休闲体育产业职工的理性选择不遵循古典生产函数中的“经济利益最大化”原则，那么所有融资水平研究就失去了方向。

1.“经济人”假说

作为古典经济学的创始人——亚当·斯密并没有提出过“经济人”这一概念，但他提出了“经济人”的两个最基本特质问题，即“自利”和“理性”。斯密指出美轮美奂的社会行为都可以在“自利”的基础上加以诠释，因为人都具有追求自身利益最大化的心理取向；“理性”是指人的行为目的性，也就是说人们做出一定的行为往往是出自某些现实的或潜在的目的。当然现实中也存在对一些毫无目的现象的描述，但即使是“毫无目的”也是一种理性行为。亚当·斯密从“追求自身利益必须以不损害他人利益和社会利益为前提”的价值观出发，提出了“个体利益追求的无意识结果是社会利益的实现”的思想，功利主义学者边沁则将斯密的学说解读为“利己主义是最好的利他主义”。如果去除边沁思想中的功利成分，我们会发现，“合理的利己主义”并非是对经济人假说的背叛，相反却从另一个侧面印证了自利本性的经济学价值和意义。

2.“有限理性经济人”假说

理性经济人假说是以“所有的选择方案都是已知的而且结果都是可以预料的、所有的备选方案都是符合实际的”为基本前提条件的，显然现实中根本不存在完全预知未来的纯粹理性决策，所有的制度性决策都是有限决策。于是西蒙提出了“有限理性经济人假说”，西蒙指出无论是程序理性（Procedural Rationality）还是结果理性（Rationality of Outcome）本质上都是有限理性，原因有四个：一是人的知觉范围是有限的；二是知识经验和感性直觉的差异性必然导致人们对同一事物的不同认知；三是人的记忆是有限的，尽管媒体中广泛宣扬“超强大脑”的记忆能力，但再强大的人类记忆也无法突破自身生理的极限；

四是人的神经传递速度是有限的。由于知识的有限性决定了人类认知能力的有限性、环境的复杂性和多变性远远超出人类理性所能理解的最大边界，由此决定了理性经济人假说的不完备性。值得注意的是，西蒙还用达尔文的生物进化论来论证“有限理性经济人”假说的正确性，西蒙指出，经济人寻求最优决策、次优决策、中等决策、劣等决策的过程实际上是人类“自动”适应环境的进化过程。有限理性经济人学说把正确决策的概率看作时间和空间的函数、把知识的溢出效应看作空间的单调递减函数、把经济行为正产出的概率看作认知能力的函数，形象地刻画了人类经济行为失策或失败的深层理性根源，具有恒久的经济分析价值。但这种学说过分强调人类理性的有限性，最终会限制人类积极性和创造性的发挥，从而延缓规模经济、技术经济和管理效益的提升步伐，其负面效用显著。

5.3.2　产业增长理论

1. 索洛模型①

1957 年，美国麻省理工学院教授罗伯特 · M. 索洛在其著作《经济增长因素分析》一书中首次提出了新古典经济增长理论的经典模型——索洛模型（Robert M.Solow，1957），指出在规模报酬不变的情况下，假定劳动供给和技术进步保持指数不变的增长速速、储蓄减去资本折旧后的比率变化反映资本存量的变化，那么经济增长就是由资本存量、劳动投入和技术进步共同决定的，即：

$$\frac{\mathrm{d}Y(t)/\mathrm{d}t}{Y(t)} = a_L(t)\frac{\mathrm{d}L(t)/\mathrm{d}t}{L(t)} + a_K(t)\frac{\mathrm{d}K(t)/\mathrm{d}t}{K(t)} + solow(t),$$

$$\mathrm{d}K(t)/\mathrm{d}t = sf[k(t)] - (n+g+\delta)k(t)$$

其中，Y、L、K 分别为经济增长、劳动投入和资本存量；$solow(t)$ 为包含各种不可预测经济增长要素比率的“索洛余值”；由于在索洛模型中技术进步是资本存量的函数，所以 g 存在于 $\mathrm{d}K(t)/\mathrm{d}t$ 中，g 表示技术进步率、n 表示人力资源增长率、δ 表示资本增长率、s 表示边际储蓄率、k 表示有效劳动投入之上的资本密度，其中资本在黄金律水平的边际收益率为：$f'(\hat{k}) = n + g + \delta$。

索洛模型旨在说明：人均资本拥有量的变化率 K 取决于人均收入储蓄率

① ［英］罗伯特 · M. 索洛 . 经济增长因素分析［M］. 史清琪，等，选译 . 北京：商务印书馆，1991.

s 和按照既定资本劳动比配备每一新增劳动力所需资本量 n 之间的差额（图 5.1）。索洛模型继承了哈罗德—多马模型的比例储蓄函数、齐次资本函数和既定劳动增长率概念，强调了劳动力和资本之间的相互替代性，指出长期经济的增长率不仅是由劳动力数量增加带来的，而且与劳动者的技术水平和生产素质密切相关。他强调，发展中国家不能把本国经济的发展完全依赖于资本的投入和劳动力数量的增长上，还必须下大力气研究科学技术进步、劳动生产率提高和教育外部经济效能等问题（顾耀铭，1987）。索洛模型的基本结论是：不同起点的经济都具有向平衡增长收敛的趋势；技术进步可以导致持续性增长；人均收入越低，经济增长越快；改变储蓄率可以实现最优资本存量和最优消费的“黄金律”增长；资本的过度积累不利于经济的长期稳定和持续发展。当然，索洛模型仍然存在一些不足，如索洛模型没有涉及投资对经济增长的贡献问题、其要素价格可变性的假设会影响经济增长的长期稳定性问题、存在“资本同质性”假设与现实不符的问题、存在“以假定的增长来论证增长”的取向、理论预测和实际数据相悖等（Sen，1970）。

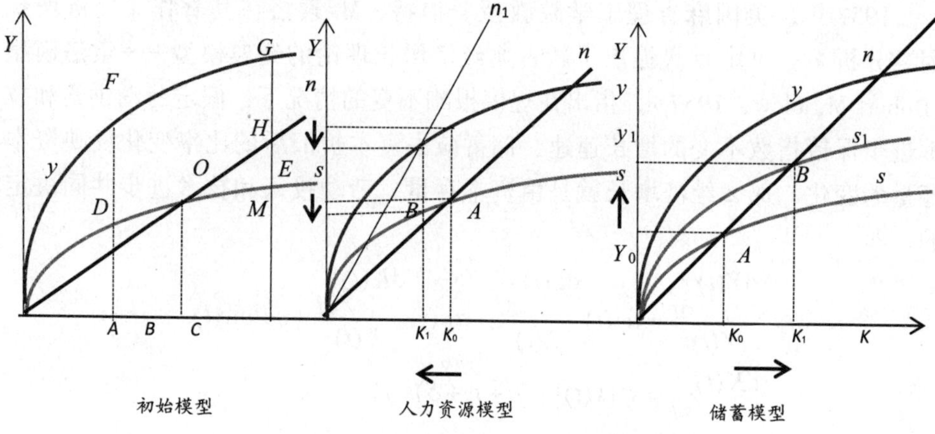

图 5.1　索洛初始模型及分变量模型

2. 拉姆齐模型①

作为微观经济增长理论研究的学者，弗兰克·拉姆齐把家庭变量引入数理分析模型中，指出家庭储蓄决策对资源配置将产生重要影响，而经济增长与技术提升和进步密切相关。拉姆齐模型分为两部分：一是家庭效用模型；二是厂商利润模型。模型中的核心概念有两个：一个是“储蓄”；另一个是“资本存

① ［美］奥利维尔·布兰查德，［美］戴维·约翰逊．宏观经济学（第六版）［M］．王立勇，译．北京：清华大学出版社，2017.

量”。模型首先假定储蓄是经济发展的内生因素、家庭效用最大化和厂商利润最大化的均衡博弈决定资本存量的变化、家庭收入在储蓄和消费之间的配置取决于家庭终生效用最大化的基本目标（资源跨期消费原理）。在此假设基础上，拉姆齐根据“相对风险厌恶者”原理构建了“家庭瞬时效用函数”（假定 Φ 为相对风险厌恶系数）①：

$$u(C(t))=\frac{C(t)^{1-\Phi}}{1-\Phi},\Phi>0,\psi-n-g(1-\Phi)>0$$

其中，u 为即期效用（瞬时效用）函数，Ψ 为家庭个人的主观贴现率，n 为人口增长率，g 为技术增长率。定义 Φ 为：

$$\Phi=\frac{-Cu''(C)}{Cu'(C)}$$

那么家庭终生效用最大化函数可以写成：

$$U=\int_0^{\infty}e^{-\Psi(t)}u[M_t\cdot c(t)]\frac{L(t)}{H}\mathrm{d}t$$

其中，M 为技术进步带来的效用（随着 g 的变化而变化），L（t）为经济中人口数量，H 为家庭个数。那么家庭的总预算为：

$$\int_0^{\infty}e^{-R(t)}u(C(t))\frac{L(t)}{H}\mathrm{d}t\leqslant\frac{K_0}{H}+\int_{t=0}^{+\infty}e^{-R(t)}M(t)w(t)\frac{L(t)}{H}\mathrm{d}t$$

其中，R（t）为第 t 期的投资回报率，K_0 为家庭初始资本存量，W（t）为第 t 期的工资报酬。由于均衡增长的最优路径是由消费动态路径和资本动态路径综合决定的，所以我们假定 δ 为资本折旧率，r（t）为资本的边际收益率且 $r(t)=f'(k(t))$，$-\frac{u'}{u''\cdot M_t\cdot c_t}$为消费瞬时跨期替代弹性，那么在完全竞争的市场上必有关于消费的动态函数和资本的动态函数：

$$\frac{\mathrm{d}c(t)/\mathrm{d}t}{c(t)}=-\frac{u'}{u''\cdot M_t\cdot c_t}[f'(k)-\Psi-\delta+g\cdot\frac{u''M_tc_t}{u'}]$$

$$\frac{\mathrm{d}k(t)}{\mathrm{d}(t)}=-\frac{u'}{u''\cdot M_t\cdot c_t}[r-\Psi+g\cdot\frac{u''M_tc_t}{u'}]$$

根据 t 时刻的工资条件，$W(t)=A(t)\left[f(k(t))-k(t)f'(k(t))\right]$和 s 时刻家庭总预算的积分方程，我们可以得到 t=0 和 t= ∞ 的极限形式：

① 这个函数形式表现了使经济收敛于平衡的增长路径，它就是著名的相对风险厌恶者的效用函数，该函数的相对风险厌恶系数 Φ 是独立于 C 的。

$$\lim_{s\to\infty}[\frac{K(0)}{H}+\int_0^s e^{-R(t)}[W(t)-u(C(t))]\cdot\frac{L(t)}{H}dt]\geqslant 0$$

那么在 s 时刻家庭的资本持有量可以表示为：

$$\frac{K(S)}{H}=e^{R(s)}\frac{K(0)}{H}+\int_0^s e^{R(s)-R(t)}[W(t)-u(C(t))]\cdot\frac{L(t)}{H}dt$$

其中，$e^{R(s)}\frac{K(0)}{H}$为在 s 时刻家庭初始财富对其总财富的贡献，$[W(t)-u(C(t))]\cdot\frac{L(t)}{H}\mathrm{d}t$为 t 时刻的家庭储蓄，$e^{R(s)-R(t)}$为从 t 时刻到 s 时刻家庭储蓄值的变动状况。那么可以得到如下原理：$\lim_{s\to\infty}e^{-R(s)}\frac{K(s)}{H}\geqslant 0$，这就是著名的非蓬齐博弈（No-Ponzi-game）模型。非蓬齐博弈强调了家庭终生消费超过其终生资源现值的基本条件，刻画了家庭收入在储蓄和消费之间变化的一般规律。如果我们在扩展的家庭瞬时效用函数中令：

$$B\equiv M(0)^{1-\Phi}\frac{L(0)}{H},\xi\equiv\Psi-n-g(1-\Phi)$$

那么，可以得到 ***Lagrange*** 函数：

$$\tilde{A}_{Lagrange}=B\int_0^\infty e^{-\xi t}\frac{c(t)^{1-\Phi}}{1-\Phi}dt+\ddot{a}k(0)$$

$$+\ddot{a}\left[\int_0^\infty e^{-R(t)}e^{(n+g)t}w(t)dt-\int_0^\infty e^{-R(t)}e^{(n+g)t}c(t)dt\right]$$

这一公式刻画了在家庭终生费用现值不变的情况下，家庭消费支出和家庭储蓄怎样实现配置效用最大化的问题，进而拓展到厂商如何实现资金储备和再生产投资组合利润最大化的问题，其中既涉及资本贴现率、家庭消费效用弹性和资本折扣率的问题，也涉及人口增长率、技术增长率和利率的问题，是拉姆齐模型最为核心的微观函数展示。

3. 卢卡斯模型

作为经典的内生经济增长理论研究者，卢卡斯（Lucas）认为他的研究成果是建立在罗默和贝克尔的基础之上的。罗默提出了技术进步的可替代性问题，指出“知识完全可以替代技术进步，但必须有一个前提条件，那就是充分了解知识产生和传播的主体”①，这些构成了卢卡斯学说的重要内容。贝克尔研

① Romer P M. Increasing returns and long-run growth [J]. Journal of Political Economy, 1986, 94 (5): 1002-1037.

究了日本和德国战后经济的恢复问题，提出了“知识资本优越论”思想，并指出具有高知识水平和高技能水平的劳动力是经济增长的重要源泉，与土地、劳动力和物质资本相比，知识凝聚型人力资本居于最高的地位。[①]贝克尔还指出，人力资本不仅直接对经济发展产生影响，还会间接推动要素资源的优化配置，并强调人力资本的使用既不存在过度的问题也不存在收益递减的问题。正是在罗默和贝克尔研究成果的基础上，卢卡斯才提出了“人力资本具有知识内生性特征、土地资本的利用率会因为人力资本正外部性的增强而提高”的观点。总体看来，卢卡斯构建的内生人力资本增长模型[②]具有人力资本刚性和教育刚性的特征，这一点对于发展中国家知识资本的溢出性研究具有很大帮助。

卢卡斯认为，新古典经济学的重要缺陷是没有认识到人力资本对经济增长的贡献，因而必须把人力资本纳入经济增长模型中。Lucas（1988）假定：人力资本增长率是累积时间比例的函数；人力资本水平既影响劳动者自身生产率也影响全社会劳动生产率。在此基础上，首先假定 N 名技术水平为 h 的劳动者数量为：

$$N=\int_0^{\infty} N(h)\mathrm{d}h$$

假定技术水平为 h 的劳动力将其非闲暇时间的 $P(h)$ 部分用于生产，$1-P(h)$ 部分用于人力资本积累，那么生产中有效劳动力等于“以技术为权数的工时数之和”，即：

$$N^e=\int_0^{\infty} p(h)N(h)\mathrm{d}h$$

假定存在 $\S_1$ 和 $\S_2$ 分别代表物质资本和人力资本的增长估价，ρ 代表贴现率，δ 为资本最大增长率，h_a 为人力资本增长外部效应，那么平均人力资本公式为：

$$\hat{\imath}_2^{\wedge}/\hat{\imath}_2=\tilde{n}-\ddot{a}h_a=\frac{\int_0^{\infty} hN(h)\mathrm{d}h}{\int_0^{\infty} N(h)\mathrm{d}h}$$

又假定 G 为线性递增函数，人力资本增长弹性系数为 ε，那么根据宇泽—罗森公式，人力资本的增长与既有水平及用于积累的时间有关：

$$\hat{h}(t)=h(t)^{\dot{a}}\cdot G\cdot(1-p(t))=h(t)\cdot\ddot{a}\cdot[1-p(t)]$$

又假定资本的弹性系数为 β，人力资本外部效应弹性系数为 θ，$K(t)$ 为

---

① 加里·S. 贝克尔. 人力资本 [M]. 郭虹，等，译. 北京：北京大学出版社，1987.

② Rucas R E. On the mechanics of economic development [J]. Journal of Monetary Economics, 1988, 22(1): 3-42.

资本增长率，那么经典的卢卡斯模型可以被界定为：

$$N(t)c(t)+K(t)=AK(t)^{\beta}[p(t)h(t)N(t)]^{1-\beta}h_a(t)^{\theta}$$

根据汉密尔顿法则构建“影子价格”函数并求解 Hamilton 最优化方程，得到：

$$H(k,h,\xi_1,\xi_2,c,p,t)=\frac{N}{1-\sigma}(c^{1-\sigma}-1)+\xi_1\left[AK^{\beta}(pNh)^{1-\beta}h^{\theta}-Nc\right]+\xi_2[\delta h(1-p)]$$

根据$c^{-\sigma}=\xi_1$和$\xi_1(1\text{-}\beta)\ AK^{\beta}(pNh)^{-\beta}Nh^{1+\theta}=\xi_2\delta h$可得到两种资本影子价格的变动率：

$$\hat{\xi_1}=\rho\xi_1\text{-}\xi_1\beta AK^{\beta-1}(pNh)^{1-\beta}h^{\theta}$$

$$\hat{\xi_2}=\rho\xi_2\text{-}\xi_1(1-\beta+\theta)AK^{\beta}(pN)^{1-\beta}h^{-\beta+\theta}-\xi_2\delta(1-p)$$

$$=\rho\xi_2\text{-}\xi_1(1-\beta)AK^{\beta}(pN)^{1-\beta}h^{-\beta}h_a^{\theta}-\xi_2\delta(1-p)$$

$$=\rho\xi_2\text{-}\xi_1(1-\beta)AK^{\beta}(pN)^{1-\beta}h^{-\beta+\theta}-\xi_2\delta(1-p)$$

如果将 K 界定为人均资本和消费的共同增长率，那么资本的边际生产率为：

$$\beta AK(t)^{\beta-1}(p(t)h(t)N(t))^{1-\beta}h(t)\theta=\rho+\sigma\kappa$$

假定 M 为人力资本的效率增长率，那么：

$$M=\sigma^{-1}\cdot\left[\delta-\frac{1-\beta}{1-\beta+\theta}\right](\rho-\theta)$$

进而我们可以得到均衡增长率 M'：

$$M'=[\sigma(1-\beta+\theta)-\theta]^{-1}\cdot[(1-\beta)(\delta-(\rho-\theta))]$$

这两个方程刻画了人力资本沿着平衡路径的效率增长率和均衡增长率，表明经济增长会随着人力资本投资效率σ的上升而上升，随着贴现率ρ的上升而下降；人力资本外部效应必然会导致物质资本的增长速度要快于人力资本的增长速度。也就是说，参加各种教育培训、进行终生学习、提高自身专业技能、增长知识才干等都是提升人力资本存量的重要途径，所有人力资本效能的提升都会促进自身的收入增长，进而促进全社会的经济增长。

5.4 模型设计

根据以上变量特点和理论梳理，结合生态文化影响休闲体育产业融资质量和融资规模的具体表现，我们拟构建如下计量模型：

$$Finance_i = \alpha_0 + \sum_{e=1}^{6}\mu_e \cdot A_i^e + \sum_{f=1}^{8}\eta_f \cdot B_i^f + \sum_{g=1}^{5}\lambda_g \cdot C_i^g + \sum_{h=1}^{5}\vartheta_h \cdot D_i^h + \varepsilon_i$$

其中，$Finance_i$为休闲体育产业融资因变量，既可以指休闲体育产业融资规模指标和融资频次指标，也可以指休闲体育产业融资质量指标；A^e为模型的核心解释变量，包括“生态习俗保护”变量、“生态教育推广”变量、“生态科技创新能力”变量、“生态文化宣传”变量、“生态安全意识”变量、“公众绿色意识”变量等 6 个自变量；B^f为政策控制变量，包括“积极性财政政策”(Positive Finance)、“中性财政政策”(Mid Finance)、“扩张性产业政策”(Expansible Industrial)、“稳定性产业政策”(Firm Industrial)、“扩张性货币政策”(Firm Industrial)、“紧缩性货币政策”(Compact Money)、“消极性贸易政策”(Negative Trade) 和“保守性贸易政策”(Conservative Trade) 等 8 个自变量；C^g为风险控制变量，包括“融资纠纷案件数量”(Finance Dispute)、“融资案件结案率”(Dispute Processing)、“自然灾害破坏力”(Natural Disaster)、“企业管理人员道德标兵比”(Ethic Person) 和“非制度化融资比例”(Non-systematic) 等 5 个自变量；D^h为地理控制变量，包括“企业地缘优势”(Geographic Advantage)、“企业交通优势”(Traffic Advantage)、“企业所在城市基础设施投资”(Infrastructure)、“企业家庭拥有汽车数量”(Car Quantity) 和“企业地理开放性”(Space Opening) 等 5 个自变量；ε_i为随机误差项；α_0为常数项；μ_e、η_f、λ_g、ϑ_h为待估系数。

5.5　回归结果及说明

5.5.1　回归结果

本模型采用 2020 年 1899 份中国休闲体育产业融资调查组调研数据，结合 2019—2020 年中国金融统计年鉴数据，相关生态指标计算参照了一般均衡预测模型（GME）的预测结果。在此基础上使用 E reviews、MATLAB6.0 和 Stata 软件对相关数据进行了标准化处理，在 SPASS 软件的帮助下得到如下相关系数估算结果（表 5.4）。

表 5.4　生态文化对休闲体育产业融资影响系数估计结果

指标名称	变量名称	融资规模 / 亿元	融资频次 / 次	融资质量 /%
生态习俗保护	生态非物质习俗保护投资额度，万元	0.027 5（0.002 2）***	0.011 4（0.001 9）***	0.017 2（0.003 8）***
生态教育推广	生态教育推广机构数量，家	0.045 7（0.022 14）***	0.031 9（0.022 15）**	0.088 2（0.052 23）***
生态科技创新能力	生态科技创新投资额度，百万元	0.021 5（0.001 67）***	0.022 4（0.016 92）*	0.078 1（0.051 63）***
生态文化宣传	生态文化宣传机构数量，家	0.082 2（0.009 98）***	0.049 1（0.008 72）**	0.062 2（0.047 98）***
生态安全意识	生态安全事故发生率，%	−0.066 8（0.003 91）***	−0.012 2（0.003 95）*	−0.059 9（0.033 92）***
公众绿色意识	电动交通车辆销售量，万台	0.048 2（0.000 19）***	0.023 6（0.001 16）**	0.044 2（0.020 17）***
积极财政政策	积极财政政策文本数量，件	0.036 6（0.000 15）***	0.022 8（0.001 14）**	0.036 3（0.020 12）***
中性财政政策	中性财政政策文本数量，件	−0.023 8（0.000 81）***	−0.010 9（0.000 79）**	−0.027 6（0.010 78）***
扩张性产业政策	扩张性产业政策文本数量，件	0.172 2（0.023 2）***	0.139 8（0.013 7）***	0.112 9（0.013 8）***
稳定性产业政策	稳定性产业政策文本数量，件	−0.227 1（0.018 1）**	−0.211 9（0.047 9）**	−0.195 3（0.08 78）**
扩张性货币政策	扩张性货币政策文本数量，件	0.123 8（0.037 8）**	0.110 6（0.017 4）*	0.093 2（0.047 5）***
紧缩性货币政策	紧缩性货币政策文本数量，件	−0.051 4（0.001 62）	−0.000 6（0.001 64）	−0.002 6（0.001 62）
消极性贸易政策	消极性贸易政策文本数量，件	−0.002 8（0.008 72）	−0.001 2（0.008 74）	−0.004 7（0.008 66）
保守性贸易政策	保守性贸易政策文本数量，件	−0.058 8（0.020 4）	−0.057 9（0.020 3）	−0.053 8（0.020 1）
融资纠纷案件数量	融资纠纷案件数量，件	−0.048 2（0.003 3）	0.032 3（0.003 7）	0.026 2（0.013 6）
融资案件结案率	融资案件结案率，%	0.327 2（0.087 8）	0.101 2（0.087 7）	0.301 1（0.067 9）
自然灾害破坏力	年度自然灾害发生的次数，次	−0.588 1（0.278 1）**	−0.327 3（0.278 3）*	−0.332 7（0.279 1）**
企业管理人员道德标兵比	道德标兵占企业全部职工的比例，%	0.082 6（0.007 7）***	−0.0314（0.0176）**	0.0802（0.0155）***
非制度化融资比例	非制度化融资占全部融资的比例，%	−0.035 8（0.012 3）*	−0.032 6（0.011 1）*	−0.030 1（0.011 4）*
企业地缘优势	距离沿海的欧氏距离，公里	−0.002 7（0.000 1）	−0.001 2（0.000 1）	−0.002 2（0.000 1）
企业交通优势	企业所在城市高铁通车里程，公里	0.003 8（0.001 1）	0.001 5（0.000 13）	0.002 7（0.000 1）

续　表

指标名称	变量名称	融资规模 / 亿元	融资频次 / 次	融资质量 /%
企业所在城市基础设施投资	企业所在城市基础设施投资额度，亿元	0.002 1（0.003 5）	0.000 5（0.000 33）	0.000 7（0.003 1）
企业家庭拥有汽车数量	企业家庭拥有汽车数量，辆	0.021 5（0.013 2）	0.025 4（0.013 1）	0.027 3（0.013 5）
企业地理开放性	企业所在城市外地车牌挂牌数量，辆	0.215 7（0.121 3）***	0.211 7（0.121 2）***	0.212 2（0.121 5）***
	常数项	−5.236 7[0.982 6]	−3.998 2[0.687 2]	1.421 7[0.782 1]
	Presudo R^2	0.154 2	0.153 3	0.217 7
	Log Presudo likelihood	−468.221 8	−623.528 4	−556.291 8
	样本数（sample）	189 9	189 9	189 9

注：“休闲体育企业融资质量”是指休闲体育产业融资有效产出率，用百分比表示；小括号内数值为标准误差值；***、** 和 * 分别表示通过了 1%、5% 和 10% 统计水平的显著性检验。

5.5.2　结果说明

1. 核心解释变量回归结果说明

（1）核心解释变量对“休闲体育产业融资规模”的影响

“生态习俗保护”变量、“生态教育推广”变量、“生态科技创新能力”变量、“生态文化宣传”变量、“生态安全意识”变量、“公众绿色意识”变量分别在 0.027 5、0.045 7、0.021 5、0.082 2、−0.668、0.482 层次上作用于“休闲体育产业融资规模”变量。这表明，一个国家或地区用于生态习俗保护的资金每增加 1 万元，相应地休闲体育企业的融资规模将会增加 2.75%；生态教育推广机构每增加 1 家，相应地休闲体育企业的融资规模将会增加 4.57%；生态科技创新资金每增加 1 百万元，相应地休闲体育企业的融资规模将会增加 2.15%；生态文化宣传机构每增加 1 家，相应地休闲体育企业的融资规模将会增加 8.22%；生态安全事故发生率每增加 1 件，相应地休闲体育企业的融资规模将会减少 6.68%；电动交通车辆销售每增加 1 万台，相应地休闲体育企业的融资规模将会增加 4.82%。由此可以看出，加大休闲体育产业融资力度、加大休闲体育文化宣传力度、推行生态文化遗产保护、推行绿色健康意识对休闲体育产业的发展至关重要。

（2）核心解释变量对“休闲体育产业融资频次”的影响

“生态习俗保护”变量、“生态教育推广”变量、“生态科技创新能力”变量、“生态文化宣传”变量、“生态安全意识”变量、“公众绿色意识”变量分别在 0.011 4、0.031 9、0.022 4、0.049 1、−0.122、0.236 层次上作用于“休闲体育产业融资频次”变量。这表明，一个国家或地区用于生态习俗保护的资金每增加 1 万元，相应地休闲体育企业的融资频次将会增加 1.14%；生态教育推广机构每增加 1 家，相应地休闲体育企业的融资频次将会增加 3.19%；生态科技创新资金每增加 1 百万元，相应地休闲体育企业的融资频次将会增加 2.24%；生态文化宣传机构每增加 1 家，相应地休闲体育企业的融资频次将会增加 4.91%；生态安全事故发生率每增加 1 件，相应地休闲体育企业的融资频次将会减少 1.12%；电动交通车辆销售每增加 1 万台，相应地休闲体育企业的融资频次将会增加 2.36%。

（3）核心解释变量对“休闲体育产业融资质量”的影响

“生态习俗保护”变量、“生态教育推广”变量、“生态科技创新能力”变量、“生态文化宣传”变量、“生态安全意识”变量、“公众绿色意识”变量分别在 0.017 2、0.088 2、0.078 1、0.062 2、−0.599、0.442 层次上作用于“休闲体育产业融资质量”变量。这表明，一个国家或地区用于生态习俗保护的资金每增加 1 万元，相应地休闲体育企业的融资质量将会提高 1.72%；生态教育推广机构每增加 1 家，相应地休闲体育企业的融资质量将会提高 8.82%；生态科技创新资金每增加 1 百万元，相应地休闲体育企业的融资质量将会提高 7.81%；生态文化宣传机构每增加 1 家，相应地休闲体育企业的融资质量将会提高 6.22%；生态安全事故发生率每增加 1 件，相应地休闲体育企业的融资质量将会降低 5.99%；电动交通车辆销售每增加 1 万台，相应地休闲体育企业的融资质量将会提高 4.42%。

2. 控制变量回归结果说明

（1）关于“政策变量”回归结果说明

总体看来政策变量的回归结果基本符合预期，其中“积极性财政政策”“中性财政政策”“扩张性产业政策”“稳定性产业政策”“扩张性货币政策”“紧缩性货币政策”“消极性贸易政策”“保守性贸易政策”等 8 个自变量作用于“休闲体育企业融资规模”变量的系数分别为 0.036 6、−0.023 8、0.172 2、0.227 1、0.123 8、−0.051 4、−0.002 8、−0.058 8。这表明，一个国家或地区积极性财政政策每增加 1 件，休闲体育产业融资规模将会增加 3.66%；中性财政政策每增加 1 件，休闲体育产业融资规模将会减少 2.38%；扩张性产业政策每增加 1 件，休闲体育产业融资规模将会增加 17.22%；稳定性产业政策每增加 1 件，休闲体育产业融资规模将会增加 22.71%；扩张性货币政策每增加 1 件，休闲体育产业融资规模将会增加 12.38%；紧缩性货币政策每增加 1 件，休闲体育产业融资规模将会减少 5.14%；消极性贸易政策每增加 1 件，休闲体育产业融资规模将会减少 0.28%；保守性贸易政策每增加 1 件，休闲体育产业融资规模将会减少 5.88%。对上述现象的合理解释是："积极性财政政策""扩张性产业政策""稳定性产业政策""扩张性货币政策"是一个国家或地区经济结构合理性和营商环境顺畅性的集中表现。一般来说，充满稳中有升的产业政策和货币政策能够有效推动休闲体育产业融资质量和融资规模的提升，而保守性的财政支持政策和货币政策不仅不会推动产业结构的优化升级，而且还会阻碍休闲体育产业融资环境的变迁和融资水平的提高，所以"中性财政政策""紧缩性货币政策""消极性贸易政策""保守性贸易政策"作用于休闲体育产业融资水平的向量符号均为"–"；在货币发行上推行保守性政策是对自己国家休闲体育产业硬实力缺乏自信的表现；在国际贸易领域推行消极性或保守性的贸易政策实际上是惧怕参与国际竞争的表现，也是阻碍休闲体育产业融资质量和融资速度的重要因素。

（2）关于"风险变量"回归结果说明

世界上根本不存在没有任何风险的融资，也不存在零风险的机会投资。保罗・萨缪尔森说过："政府对于微观经济学持有先天的弱视而企业对于宏观经济学同样持有后天的劣势，只有将宏观机制和微观逻辑结合起来、将企业经营和国家管控结合起来，才有可能抑制供给侧过剩和产能不足的问题。任何试图通过非金融市场化的投融资环境改变经济体生态衔接的想法都是远离平衡态的边缘结构，在实践上都是难以推行的。"① 本次多元回归结果表明，"融资纠纷案件发生数量"、"自然灾害破坏力"和"非制度化融资比例"是三个负向评价的控制变量，即所融资纠纷案件越多、自然灾害发生的次数越多、非正规融资的额度越大，说明该经济体的投融资环境越差，休闲体育产业融资提升空间越有限，也就进一步表明休闲体育企业的融资水平越低；反之亦然。与之相反，"融资案件结案率"变量和"企业管理人员道德标兵比"变量却对休闲体育产业融资水平的提升起到了至关重要的作用，并分别在 0.327 2 和 0.082 6、0.101 2 和 –0.031 4、0.301 1 和 0.080 2 层次上作用于休闲体育产业融资规模、

① ［美］保罗・萨缪尔森．宏观经济学和微观经济学的边缘融合[J].美国经济评论，2001(2)：121-133.

融资频次和融资质量变量。值得注意的是，企业职工道德标兵比并没有有效推动休闲体育企业融资水平的提高，相反却在3.14%的向量层次上、5%的显著性层次上引起了休闲体育企业融资频次的减少。合理的解释是：对于大多数休闲体育企业来，道德标兵的数量只是衡量企业职工人际关系和生态伦理价值的弹性变量，并不必然引起休闲体育企业整体融资频次的增加，再加上融资频次和融资规模之间并不必然呈现正相关关系的事实，回归系数出现负号也就不足为奇。

（3）关于“地理变量”回归结果说明

俗话说“天时不如地利”，优越的地理环境、合适的地理位置对于任何产业的发展来说都是不可或缺的，对于休闲体育产业的发展来说更是如此。比如，靠近交通要道和水源生发地对于粮食和经济作物的产能贡献来说意义重大，相反在“好酒也怕巷子深”的新时代，优秀的融资产品有且只有依靠优越的地缘环境才能实现资源配置的“PALETO”最优。基于此，我们优选了“企业地缘优势”“企业交通优势”“企业所在城市基础设施投资”“企业家庭拥有汽车数量”“企业地理开放性”等5个控制变量，并借此分析生态文化对休闲体育产业融资水平的影响。回归结果表明：休闲体育企业所在城市距离沿海的欧氏距离每增加1公里，相应地休闲体育企业融资规模就会降低0.27%、企业融资频次也会下降0.12%、企业融资质量也会下降0.22%；与此相反，休闲体育企业所在城市高铁通车里程每增加1公里，相应地休闲体育企业融资规模就会增加0.38%、企业融资频次也会增加0.15%、企业融资质量也会增加0.27%；休闲体育企业所在城市基础设施投资每增加1亿元，相应地休闲体育企业融资规模就会增加0.21%、企业融资频次也会增加0.05%、企业融资质量也会增加0.07%；休闲体育企业职工家庭拥有汽车数量每增加1辆，相应地休闲体育企业融资规模就会增加2.15%、企业融资频次也会增加2.54%、企业融资质量也会增加2.73%；休闲体育企业所在城市外地车挂牌数量每增加1辆，相应地休闲体育企业融资规模就会增加21.57%、企业融资频次也会增加21.17%、企业融资质量也会增加21.22%。这说明，城市的开放性特质对于休闲体育产业融资水平的提升意义重大，从我国工业化和城市化变迁的总体历程看，人员和物资的双向流通不仅可以提升休闲体育企业管理人员的人际关系视野和思想道德素质，还可以大大提高休闲体育产业的融资规模和融资质量。那些相对保守的二、三线城市已经在休闲体育产业融资方面显现出明显的缺陷和不足，如山东省的淄博市、江苏省的宿迁市、河北省的廊坊市、吉林省的吉林市、广西壮族自治区的丽江市、浙江省的台州市等。

5.6　模型检验

我们采用分组检验法（Scrutinization Comparation, SC 法）、倾向性得分匹配法（Propensity Score Matching，PSM 法）、更换模型检验法（Model Transition，MT 法）来检验模型的稳健性和回归结果的准确性。这三种方法各有特点，其中分组检验法采用“融资方向性”指标将所有参与休闲体育产业融资的企业分成两类，即“融入资金组”和“融出资金组”，借此来检验在分组条件下生态文化诸变量对休闲体育产业融资水平的影响，如果分组回归后两组的估计系数与分组前差别不大，那么可以断定模型回归结果是稳健的，否则就是有偏的；倾向性得分匹配法从反事实角度验证了模型统计的显著性和作用方向问题、变量测量误差和变量遗漏问题；更换模型法从总体上检验了模型回归的合理性和准确性问题，如果更换模型后回归结果没有超出发生误差允许的最大范围，那么原模型回归结构就是稳健的，否则就是含有内生因素的估计，因而是不准确的。

5.6.1　分组检验法检验

分组检验法的基本原理是：假定研究者构建的多元线性模型为（θ为相关系数、X_i为自变量、δ和ε为随机误、ω为残差项）：

$$W = \theta_0 + \theta_1 X_1 + \theta_2 X_2 + \cdots + \theta_i X_i + \delta$$

而真实的经济关系是：

$$W = \theta_0 + \theta_1 X_1 + \theta_2 X_2 + \theta_3 X_3 + \cdots + \theta_i X_i + \theta\omega + \varepsilon$$

$$W = \theta_0 + \theta_1 X_1 + \theta_2 X_2 + \theta_3 X_3 + \cdots + \theta_i X_i + \varepsilon - \theta\omega$$

则有$\delta = \rho\omega + \varepsilon$，$\delta = \varepsilon - \theta\omega$，前一种情况必然导致变量遗漏问题，后一种情况必然导致测量误差问题。如果模型变量或者回归过程存在以上两种情况，就称模型具有内生性问题。由于检验内生性问题的最优方法是自然实验法，我们将所有被调查的休闲体育企业分成两组，即“融入资金组”和“融出资金组”（表 5.5 和表 5.6），并分别建立 Logistic 回归模型且借此自然分类法检验上述模型系数估算结果的稳健性。

表 5.5 生态文化影响休闲体育企业融资水平模型检验（融入资金组）

指标名称	变量名称	融资规模 / 亿元	融资频次 / 次	融资质量 /%
生态习俗保护	生态非物质习俗保护投资额度，万元	0.023 3（0.002 1）***	0.012 6（0.001 1）***	0.015v2（0.002 4）***
生态教育推广	生态教育推广机构数量，家	0.045 5（0.022 4）***	0.034 9（0.022 5）**	0.085 2（0.052 3）***
生态科技创新能力	生态科技创新投资额度，百万元	0.0213 5（0.001 7）***	0.023 4（0.016 2）*	0.077 1（0.051 3）***
生态文化宣传	生态文化宣传机构数量，家	0.072 2（0.009 8）***	0.048 8（0.008 2）**	0.065 6（0.047 8）***
生态安全意识	生态安全事故发生率，%	−0.065 5（0.003 1）***	−0.017 2（0.003 5）*	−0.057 8（0.039 2）***
公众绿色意识	电动交通车辆销售量，万台	0.047 2（0.001 9）***	0.023 6（0.011 6）**	0.046 2（0.020 17）***
	常数项	−4.182 9[0.882 9]	−4.819 2[0.785 2]	1.466 7[0.792 1]
	Presudo R^2	0.164 3	0.166 6	0.217 9
	Log Presudo likelihood	−3827.992 8	−511.329 1	−478.917 2
	样本数（sample）	999	999	999

注：出于研究方便，本表省略了控制变量回归结果；小括号内数值为标准误差值；***、** 和 * 分别表示通过了 1％、5％和 10％统计水平的显著性检验。

表 5.6 生态文化影响休闲体育企业融资水平模型检验（融出资金组）

指标名称	变量名称	融资规模 / 亿元	融资频次 / 次	融资质量 /%
生态习俗保护	生态非物质习俗保护投资额度，万元	0.027 7（0.002 8）***	0.011 6（0.001 8）***	0.016 8（0.003 4）***
生态教育推广	生态教育推广机构数量，家	0.045 2（0.023 1）***	0.035 9（0.026 5）**	0.088 2（0.042 3）***
生态科技创新能力	生态科技创新投资额度，百万元	0.0214 2（0.002 2）***	0.027 4（0.015 2）*	0.081 1（0.037 3）***
生态文化宣传	生态文化宣传机构数量，家	0.071 1（0.004 6）***	0.049 8（0.007 2）**	0.0674（0.046 6）***

续　表

指标名称	变量名称	融资规模 / 亿元	融资频次 / 次	融资质量 /%
生态安全意识	生态安全事故发生率，%	-0.0629（0.002 2）***	-0.0182（0.002 7）*	-0.0668（0.038 2）***
公众绿色意识	电动交通车辆销售量，万台	0.048 8（0.003 7）***	0.024 6（0.013 9）**	0.0451（0.026 7）***
	常数项	-4.177 7[0.899]	-4.818 8[0.787 7]	1.459 7[0.788 1]
	Presudo R^2	0.157 3	0.169 6	0.218 8
	Log Presudo likelihood	-3927.975 8	-411.366 1	-436.955 2
	样本数（sample）	900	900	900

注：出于研究方便，本表省略了控制变量回归结果；小括号内数值为标准误差值；***、** 和 * 分别表示通过了 1%、5% 和 10% 统计水平的显著性检验。

表 5.5 和表 5.6 的回归结果表明：无论是对于融入资金的休闲体育企业还是融出资金的休闲体育企业来说，生态文化诸变量作用于休闲体育产业融资水平的系数值相近且系数作用方向不变，这说明我们采用的多元 Logistic 模型回归结果是合理的，模型的选取是稳健的。

5.6.2　倾向性得分匹配法检验

为了进一步检验模型的稳健性和回归结果的准确性，我们还采用了倾向性匹配得分法来验证“生态文化影响休闲体育产业融资水平模型”实证结果的准确性。我们采用 Rosenbaum 和 Rubin 创立的倾向性匹配得分法来构建三组反事实检验模型，即“促进休闲体育产业融资规模提高模型”（1）和“没有促进休闲体育产业融资规模提高模型”（2）、“促进休闲体育产业融资频次模型”（3）和“没有促进休闲体育产业融资频次模型”（4）、“促进休闲体育产业融资质量提高模型”（5）和“没有促进休闲体育产业融资质量提高模型”（6），估算生态文化影响休闲体育产业融资水平的概率值（Propensity Score）：

$$P(x)_i = Pro(subside = 1|X) = \frac{exp(m + \sum_{j=1}^{n} m_j x_{ij} + \varepsilon_i)}{1 + exp(m + \sum_{j=1}^{n} m_j x_{ij} + \varepsilon_i)}$$

其中，$P(x)_i$ 为生态文化影响休闲体育产业融资水平的概率匹配值；

$1-P(x)_i$ 为没有促进休闲体育产业融资水平提高的概率匹配值；$x_{i1},x_{i2},x_{i3},\cdots$ 为影响休闲体育产业融资规模、休闲体育产业融资频次和休闲体育产业融资质量的各种因素，包括核心解释变量各因素、政策变量、融资风险变量和融资地缘因素；m_1、m_2、$m_3\cdots$、m_j 为 Logistic 回归的偏回归系数，表示各解释变量对概率匹配值的影响；m 为常数项；ε_i 为随机扰动项。我们同时考察参照组效应（ATT）、控制组效应（ATU）和平均处理效应（ATE），首先设定：

$$ATT = P\left[(financial_q^1 - financial_q^0)\middle|X, subside = 1\right]$$

$$ATU = P\left[(financial_q^1 - financial_q^0)\middle|X, subside = 0\right]$$

$$ATE = P\left[(financial_q^1 - financial_q^0)\middle|X\right]$$

其中，q 为一组“休闲体育产业融资水平”模型，包括“休闲体育产业融资规模模型”（1）和（2）、“休闲体育产业融资频次模型”（3）和（4）、“休闲体育产业融资质量模型”（5）和（6）。在此基础上，我们分别利用三组匹配模型检验生态文化影响休闲体育产业融资水平回归结果的稳健性（表 5.7 和表 5.8）。

表 5.7　基于倾向性得分法的生态文化影响休闲体育产业融资水平模型检验（融资规模变量组）

生态文化	促进休闲体育产业融资规模提高模型（1）					没有促进休闲体育产业融资规模提高模型（2）				
	近邻匹配	半径匹配	核匹配	卡钳匹配	ATE	近邻匹配	半径匹配	核匹配	卡钳匹配	ATE
生态习俗保护	0.982 2	0.554 5	0.998 2	0.783 6	0.789 2***	−0.882 9	−0.782 9	−0.872 6	−0.938 3	−0.787 9***
生态教育推广	0.892 7	0.662 7	0.988 1	0.665 1	0.763 8***	−0.798 1	−0.778 8	−0.889 3	−0.929 3	−0.735 6***
生态科技创新	0.772 8	0.389 1	0.281 9	0.792 6	0.654 2***	−0.662 7	−0.798 2	−0.676 8	−0.337 8	−0.681 7***

续　表

生态文化	促进休闲体育产业融资规模提高模型（1）					没有促进休闲体育产业融资规模提高模型（2）				
	近邻匹配	半径匹配	核匹配	卡钳匹配	ATE	近邻匹配	半径匹配	核匹配	卡钳匹配	ATE
生态文化宣传	0.981 9	0.441 2	0.381 7	0.443 7	0.781 3**	−0.535 4	−0.919 1	−0.669 2	−0.447 9	−0.661 8***
生态安全意识	−0.661 2	−0.778 9	−0.882 6	−0.518 2	0.443 8**	0.586 1	0.992 1	0.553 8	0.553 9	0.587 9***
公众绿色意识	0.671 3	0.221 8	0.427 7	0.668 1	0.681 7***	−0.782 6	−0.776 2	−0.687 2	−0.442 8	−0.601 0***
控制变量	已控制									
样本量	1 000					899				

注：表中 ***、**、* 分别表示 T 检验在 1%、5%、10% 水平上显著；限于篇幅，本表省略了标准误差值计算结果和控制变量的报告结果。

表 5.7 的匹配结果表明，无论是采用近邻匹配、半径匹配抑或核匹配，“生态习俗保护”变量、“生态教育推广”变量、“生态科技创新能力”变量、“生态文化宣传”变量、“公众绿色意识”变量均在显著层次上促进了休闲体育产业融资规模的增加，而且呈现出参差不齐的匹配效应层次。其中“生态安全意识”变量在负向层次上作用于休闲体育产业融资规模的变化，说明生态安全事故发生率越低，越有利于休闲体育产业融资水平的提高；反之，越不利于休闲体育产业融资水平的提高。既使我们设置了“卡钳”的上限和下限，匹配

结果仍然拒绝了“生态文化对休闲体育产业融资规模毫无影响”的设定。也就是说，无论是对“促进休闲体育产业融资规模提高模型”（1）还是对“没有促进休闲体育产业融资规模提高模型”（2）来说，绝对值相近的且逐步趋向于1的倾向性得分值足以说明各种生态文化变量均对休闲体育产业融资水平产生了显著性影响，这就检验了多元线性模型回归结果的稳健性。

表 5.8　基于倾向性得分法的生态文化影响休闲体育产业融资水平模型检验（融资频次变量组）

生态文化	促进休闲体育产业融资频次模型（3）					没有促进休闲体育产业融资频次模型（4）				
	近邻匹配	半径匹配	核匹配	卡钳匹配	ATE	近邻匹配	半径匹配	核匹配	卡钳匹配	ATE
生态习俗保护	0.323 7	0.227 9	0.552 8	0.224 3	0.421 6***	−0.708 2	−0.652 9	−0.771 6	−0.382 7	−0.542 9***
生态教育推广	0.387 5	0.226 3	0.661 9	0.332 7	0.332 8***	−0.332 8	−0.117 2	−0.483 7	−0.118 9	−0.556 1***
生态科技创新	0.333 6	0.107 8	0.226 3	0.102 5	0.221 2***	−0.393 9	−0.129 8	−0.328 7	−0.117 3	−0.221 8**
生态文化宣传	0.101 8	0.111 2	0.101 6	0.111 3	0.118 9***	0.440 1	−0.154 2	−0.398 1	−0.329 8	−0.241 9***

续 表

生态文化	促进休闲体育产业融资频次模型（3）					没有促进休闲体育产业融资频次模型（4）				
	近邻匹配	半径匹配	核匹配	卡钳匹配	ATE	近邻匹配	半径匹配	核匹配	卡钳匹配	ATE
生态安全意识	−0.112 7	−0.432 8	−0.100 9	−0.202 0	0.127 5**	0.111 8	0.233 8	0.228 1	0.328 7	0.110 9**
公众绿色意识	0.098 8	0.442 4	0.212 9	0.128 7	0.232 5**	−0.102 7	−0.224 2	−0.219 8	−0.331 2	−0.101 1**
控制变量	已控制									
样本量	800					1 099				

注：表中 ***、**、* 分别表示 T 检验在 1%、5%、10% 水平上显著；限于篇幅，本表省略了标准误差值计算结果和控制变量的报告结果。

表 5.8 中模型（3）和模型（4）表明："生态习俗保护"变量、"生态教育推广"变量、"生态科技创新能力"变量、"生态文化宣传"变量、"生态安全意识"变量、"公众绿色意识"变量分别在 0.421 6、0.332 8、0.221 2、0.118 9、−0.127 5、0.232 5 的平均处理效应层次上作用于"促进休闲体育产业融资频次"变量，分别在 −0.542 9、−0.556 1、−0.221 8、−0.241 9、−0.110 9、−0.101 1 的平均处理效应层次上作用于"没有促进休闲体育产业融资频次"变量且显著性层次保持在 5% 以上。这说明，生态文化诸变量均对休闲体育产业融资频次产生了显著影响，这就进一步验证了我们最初的假设。与此同时，基于模型（3）、（4）的"卡钳匹配"结果与模型（1）、（2）的"卡钳匹配"结果明显的差距，合理的解释是：休闲体育产业融资频次变量和休闲体育产业融

资规模变量的统计单位存在明显差别，一个是“次数”数值，另一个是“货币单位”。在具体的倾向性匹配过程中，由于不考虑数值标准化问题，所以匹配结果会存在差异性，但是这种差异性并不排斥生态文化作用的显著性层次，而这也正是本模型最为关注的系数问题。

表 5.9 中，模型（5）和模型（6）倾向性得分匹配的结果表明生态文化的表现方式不同，对于休闲体育产业融资质量的影响也就不同。从均衡性校验的角度看，两模型在近邻匹配、半径匹配、核匹配和卡钳匹配的绝对值结果非常接近，这表明“生态习俗保护”变量、“生态教育推广”变量、“生态科技创新能力”变量、“生态文化宣传”变量、“生态安全意识”变量、“公众绿色意识”变量均在显著层次上促进了休闲体育产业融资质量的提高，而且呈现梯度层次。值得注意的是，“生态安全意识”和“公众绿色意识”的 ATE 匹配结果为负值，这是否意味着这两种生态文化变量会阻碍休闲体育产业融资质量的提高呢？事实上，倾向性得分匹配法只是虚拟了两组反事实的情景，在具体的匹配过程中受变量混杂、基线不齐和可比性等因素的制约，会出现匹配结果负值的情况，但这并不影响均衡性检验结果的合理性。[①]

表 5.9 基于倾向性得分法的生态文化影响休闲体育产业融资水平模型检验（融资质量变量组）

生态文化	促进休闲体育产业融资质量提高模型（5）					没有促进休闲体育产业融资质量提高模型（6）				
	近邻匹配	半径匹配	核匹配	卡钳匹配	ATE	近邻匹配	半径匹配	核匹配	卡钳匹配	ATE
生态习俗保护	0.892 8	0.992 7	0.738 2	0.889 9	0.662 5***	−0.981 7	−0.779 1	−0.882 7	−0.900 3	−0.778 2***

① 各种解释变量的均衡检验是采用均值的绝对标准化差值来衡量的，而不是直接采用匹配值来衡量的。

续　表

生态文化	促进休闲体育产业融资质量提高模型（5）					没有促进休闲体育产业融资质量提高模型（6）				
	近邻匹配	半径匹配	核匹配	卡钳匹配	ATE	近邻匹配	半径匹配	核匹配	卡钳匹配	ATE
生态教育推广	0.781 7	0.884 1	0.729 1	0.876 2	0.534 9***	−0.909 0	−0.723 6	−0.772 8	−0.882 7	−0.567 2***
生态科技创新	0.665 4	0.797 8	0.662 8	0.726 1	0.442 7***	−0.912 7	−0.618 7	−0.617 3	−0.716 9	−0.331 9***
生态文化宣传	0.442 8	0.679 2	0.581 7	0.628 7	0.228 1***	−0.736 1	−0.591 7	−0.542 0	−0.619 2	−0.191 9***
生态安全意识	−0.392 8	−0.665 4	−0.421 8	−0.552 9	−0.212 8**	0.721 0	0.449 8	0.442 8	0.549 1	−0.321 8*
公众绿色意识	0.218 9	0.521 9	0.329 8	0.429 8	−0.312 6**	−0.672 8	−0.408 2	−0.498 2	−0.429 8	−0.428 9*
控制变量	已控制									

续 表

生态文化	促进休闲体育产业融资质量提高模型（5）					没有促进休闲体育产业融资质量提高模型（6）				
	近邻匹配	半径匹配	核匹配	卡钳匹配	ATE	近邻匹配	半径匹配	核匹配	卡钳匹配	ATE
样本量	950					949				

注：表中 ***、**、* 分别表示 T 检验在 1%、5%、10% 水平上显著；限于篇幅本表省略了标准误差值计算结果和控制变量的报告结果。

5.6.3 更换回归方法检验

我们采用的是大样本数据且具有空间统计上的复杂性和时间维度的限制性，因此我们更换计量方法检验多元线性模型回归结果的稳健性。休闲体育企业融资决策行为分为两个典型的两阶段：第一阶段主要考虑是否参与休闲体育产业融资，第二阶段主要考虑休闲体育产业融资的规模和质量等问题。基于此，检验生态文化对休闲体育产业融资水平的影响必须采用两种方法交替进行。首先，在第一阶段考虑企业融资行为的离散性，必须采用 Logit 模型对方程进行估计，并且计算标准化系数的边际概率，使用的方法为线性概率 LPM 法；其次，考虑很多休闲体育企业尤其是中小休闲体育企业并没有制定产业融资规划，也没有实际地参与休闲体育产业融资项目，也就是说融资规模为零，如果机械地使用 OLS 方程进行回归将导致回归结果的偏差和不准确，为了得到一致性估计，我们将采用 Tobit 模型进行系数估计。其基本的原理为：

$$S_i = \begin{cases} S_i^* = \Theta_i X_i' + \mu_i (S_i^* > 0) \\ 0 (S_i^* \leqslant 0) \end{cases}$$

其中，因变量S_i为第i个体育休闲企业实际的融资额度，取值为非负数；S_i^*为一个隐性变量，只有当$S_i^* > 0$时，$S_i = S_i^*$，否则$S_i = 0$；自变量组$X_i = x(A, B, C, D)$；Θ_i为本模型的待估系数集，反映的是x_i对S_i^*的影响；μ_i为随机误差项目集，服从标准正态分布。由于 Tobit 估计没有直观的经济学意义，所以我们在估计了 Tobit 值后又进一步估计了休闲体育企业融资大于零的情况下各核心解释变量的条件边际效应，即：$Efficiency(S / S > 0), X)$（表 5.10 和表 5.11）。

表 5.10　生态文化影响休闲体育产业融资水平模型一阶段 LPM 估计结果

变量	进行休闲体育产业融资		不进行休闲体育产业融资	
	Logit 系数	Logit 边际效应	Logit 系数	Logit 边际效应
生态习俗保护	0.068 7（0.012 8）**	+0.0228 9***	−0.077 2（0.018 6）***	−0.002 81
生态教育推广	0.055 3（0.022 6）**	+0.011 86	−0.052 5（0.018 2）***	−0.003 53***
生态科技创新	0.086 7（0.031 9）*	+0.035 61**	−0.038 9（0.008 9）***	−0.007 15
生态文化宣传	0.042 8（0.012 6）*	+0.044 23	−0.012 8（0.000 1）***	−0.008 93
生态安全意识	−0.059 7（0.021 3）***	+0.051 92*	0.021 7（0.002 7）**	0.008 82***
公众绿色意识	0.082 7（0.031 2）***	+0.031 28	−0.087 1（0.002 1）**	−0.002 74
控制变量	已控制			
纵列截距项	36.281 7（11.287 9）		−189.227 6（68.273 6）	
似然比检验 LR	12.501 26（5.200 7）		11.03556（4.02098）	
虚拟判定系数 R^2	0.882 76		0.892 74	

注：“( )” 内为标准误差值；表中 ***、**、* 分别表示 T 检验在 1%、5%、10% 水平上显著；限于篇幅本表省略了控制变量的报告结果。

表 5.10 说明：首先，生态文化对参与休闲体育产业融资的企业具有明显的推动作用，其中“生态习俗保护”变量、“生态教育推广”变量、“生态科技创新能力”变量、“生态文化宣传”变量、“生态安全意识”变量、“公众绿色意识”变量分别在 0.068 7、0.055 3、0.086 7、0.042 8、−0.059 7、0.082 7 层次上作用于“进行休闲体育产业融资”变量。也就是说，在其他条件不变的情况下，国家生态习俗保护投资每增加 1 万元，相应地休闲体育企业融资水平将提高 6.87 个百分点；国家生态教育推广机构每增加 1 家，相应地休闲体育企业融资水平将提高 5.53 个百分点；国家生态科技创新投资额度每增加 100 万元，相应地休闲体育企业融资水平将提高 8.67 个百分点；国家生态文化宣传机构每增加 1 家，相应地休闲体育企业融资水平将提高 4.28 个百分点；国家生态安全事故发生率每提高一个百分点，相应地休闲体育企业融资水平将降低 5.97 个百分点；国家电动汽车销售量每增加 1 万台，相应地休闲体育企业融资水平将提高 8.27 个百分点。由此可见，生态文化对“参与休闲体育产业融资”的企业来说具有正向的推动作用。其次，生态文化对于未参与休闲体育产业融资的企业具有明显的阻碍作用，其中“生态习俗保护”变量、“生态教育推广”

变量、“生态科技创新能力”变量、“生态文化宣传”变量、“生态安全意识”变量、“公众绿色意识”变量分别在 –0.077 2、–0.052 5、–0.038 9、–0.012 8、0.021 7、–0.087 1 层次上作用于“未进行休闲体育产业融资”变量。也就是说，在其他条件不变的情况下，国家生态习俗保护投资每增加 1 万元，未进行产业融资的休闲体育企业的融资水平将降低 7.72 个百分点；国家生态教育推广机构每增加 1 家，未进行产业融资的休闲体育企业融资水平将下降 5.25 个百分点；国家生态科技创新投资额度每增加 100 万元，未进行产业融资的休闲体育企业融资水平将降低 3.89 个百分点；国家生态文化宣传机构每增加 1 家，未进行产业融资的休闲体育企业融资水平将降低 1.28 个百分点；国家生态安全事故发生率每提高一个百分点，未进行产业融资的休闲体育企业融资水平将降低 2.17 个百分点；国家电动汽车销售量每增加 1 万台，未进行产业融资的休闲体育企业融资水平将降低 8.71 个百分点。由此可见，生态文化对“未参与休闲体育产业融资”的企业来说具有负向的阻碍作用。

表 5.11　生态文化影响休闲体育产业融资水平模型二阶段 OLS 估计结果

变量	休闲体育产业融资规模		休闲体育产业融资质量	
	Tobit 系数	Tobit 边际效应	Tobit 系数	Tobit 边际效应
生态习俗保护	0.077 28（0.002 16）***	+0.027 81***	–0.044 78（0.011 28）***	–0.001 28**
生态教育推广	0.067 28（0.00 781）***	+0.038 27***	–0.02128（0.002 19）**	–0.002 29***
生态科技创新	0.055 45（0.008 89）**	+0.011 28	–0.01189（0.002 11）***	–0.003 36***
生态文化宣传	0.047 61（0.002 17）**	+0.077 62***	–0.031 27（0.001 19）**	–0.007 78
生态安全意识	–0.088 71（0.003 18）*	+0.066 81	0.022 44（0.002 18）*	–0.002 81**
公众绿色意识	0.091 26（0.004 45）*	+0.054 26***	–0.044 39（0.007 21）***	–0.003 21
控制变量	已控制			
纵列截距项	48.923 71（22.657 14）		–120.778 29（38.909 01）	
似然比检验 LR	9.992 78（2.382 91）		10.112 89（6.281 76）	
虚拟判定系数 R^2	0.992 87		0.901 28	

注：“( )”内为标准误差值；表中 ***、**、* 分别表示 T 检验在 1%、5%、10% 水平上显著；限于篇幅本表省略了控制变量的报告结果。

表 5.11 说明：首先，生态文化对休闲体育产业融资规模产生了显著的影

响，其中“生态习俗保护”变量、“生态教育推广”变量、“生态科技创新能力”变量、“生态文化宣传”变量、“生态安全意识”变量、“公众绿色意识”变量分别在 0.077 28、0.067 28、0.055 45、0.047 61、–0.088 71、0.091 26 层次上推动了休闲体育产业融资规模的提高，而且边际效应非常显著。也就是说，在其他条件不变的情况下，国家生态习俗保护投资每增加 1 万元，进行产业融资的休闲体育企业的融资水平将提高 7.72 个百分点；国家生态教育推广机构每增加 1 家，进行产业融资的休闲体育企业融资水平将提高 6.72 个百分点；国家生态科技创新投资额度每增加 100 万元，进行产业融资的休闲体育企业融资水平将提高 5.54 个百分点；国家生态文化宣传机构每增加 1 家，进行产业融资的休闲体育企业融资水平将提升 4.76 个百分点；国家生态安全事故发生率每提高一个百分点，进行产业融资的休闲体育企业融资水平将降低 8.87 个百分点；国家电动汽车销售量每增加 1 万台，进行产业融资的休闲体育企业融资水平将提高 9.12 个百分点。其次，各核心解释变量分别在 –0.044 78、–0.021 28、–0.011 89、–0.031 27、0.022 44、–0.044 39 层次上引起了休闲体育产业融资质量的变化。也就是说，在各种外部积极变量的刺激下，休闲体育产业融资规模将会进一步发生 4.47%、2.22%、1.19%、3.13%、–2.24%、4.44% 的变化。换句话说，在其他条件不变的情况下，国家生态习俗保护投资每增加 1 万元，未进行产业融资的休闲体育企业的融资水平将降低 4.47 个百分点；国家生态教育推广机构每增加 1 家，未进行产业融资的休闲体育企业融资水平将下降 2.22 个百分点；国家生态科技创新投资额度每增加 100 万元，未进行产业融资的休闲体育企业融资水平将降低 1.19 个百分点；国家生态文化宣传机构每增加 1 家，未进行产业融资的休闲体育企业融资水平将降低 3.13 个百分点；国家生态安全事故发生率每提高一个百分点，未进行产业融资的休闲体育企业融资水平将降低 2.24 个百分点；国家电动汽车销售量每增加 1 万台，未进行产业融资的休闲体育企业融资水平将降低 4.44 个百分点。可见，对于蓬勃发展的休闲体育产业来说，不断获得官方或者民间资本的支持是产业振兴的根本保障，没有产业融资的支持，任何休闲体育产业就既不可能生存也不可能发展。

第6章　生态文化视域下休闲体育产业融资策略建议

根据前面的理论分析和实证研究，结合我国休闲体育产业发展的实际情况，紧密联系当今世界生态文化变迁的宽广视野，我们认为促进我国休闲体育产业融资质量和融资规模的提升必须做到如下几点。

6.1　政府方面

一个国家的宏观金融决策一般是由各级政府及相关部门制定的，政府不仅积累了制定金融决策的丰富经验，还凝聚了一大批具有专业知识背景的金融管理人才，这些人才不仅能力出众而且技艺超群。研究政府决策的实践基础和历史依据，分析我国休闲体育产业融资政策的“输入和输出”机制，对于生态背景下休闲体育企业的发展意义重大。

6.1.1　政策方面

政策是实践的晴雨表，没有合理的金融政策就没有休闲体育产业融资环境的优化和改善；较大规模的金融政策对于我国这样的人口大国来说意义更大。当然，在追求金融政策数量的前提下，政府也要充分考虑金融政策背后的实施可能性和运作质量问题，毕竟任何经济效益的产生都是数量化利润和高质化社会效益的辩证统一，单独追求某个企业的超额利润而忽视全行业整体效益提升的理论是有悖金融市场变迁基本规律的。基于此，各级休闲体育产业决策部门应该充分发挥政府积极性财政政策、货币政策、贸易政策和产业政策的推动作用，要制定合理的法律制度来约束休闲体育产业融资模式的变迁和融资质量的优化。只有这样，我国休闲体育企业才能在生态治理现代化的大背景下获得勃勃的生机和鲜活的动力，休闲体育企业投融资水平才能得到大幅度提升。具体应做到以下几点。

1. 充分发挥积极性政策的融资推动作用，为休闲体育产业的发展制定宏观方向

首先要尽量制定积极性的财政政策。财政政策是金融政策之母，金融政策是财政政策之流。没有国家财政政策的坚挺支撑，任何金融政策的推行都将步履维艰。积极性的财政政策是推动休闲体育产业融资规模和融资质量提升的原动力和本源诉求。比如，开展数字金融的研发和投资对于推动休闲体育产业融资水平的提高意义重大。

其次要制定积极性的贸易政策，借此推动休闲体育产业融资水平的提高。因为积极性贸易政策带有明显的经济扩张属性，而保守性的贸易政策很容易将交易主体的心理感知和价值诉求推向不可预知的未来。显然在市场经济的海洋里没有了“瞭望塔”或者“指南针”是很难航行的，所以积极性贸易政策是推动休闲体育产业发展的重要依靠，没有积极性的贸易政策的支撑，休闲体育产品的出口将面临巨大的阻碍。

最后，要制定积极性的货币政策。货币政策是休闲体育产业融资质量提升的重要标的。没有积极性货币政策的支撑，休闲体育产业融资数量和融资频次将会大受影响，因为紧缩性的货币政策会对交易双方的融资心理和融资毅力产生实质性的影响。

2. 合理评估非积极性政策的融资作用，主动引导休闲体育企业开展创新性融资

非积极性的金融政策一般涵括以下几种类型，即中性财政政策、保守性产业政策、紧缩性货币政策、稳定性贸易政策。对于这些政策的融资价值和融资意义要进行全盘的认知和研究，因为在货币银行学和证券投资学意义上非积极性的金融政策等同于“消极性金融政策”。从国际金融演化学的角度看，消极性金融政策一般会产生两种后果：一是金融倒退，即通过各种制度化和非制度化金融手段将经济形态“倒逼”到过去的经济形式，这种金融结构性变迁会引发局部的金融危机，会导致大量高科技手段“退休”，会衍生不可预知的金融“大洗牌”，会引发国有金融企业职工下岗，等等；二是金融时滞，所谓“金融时滞”是指金融政策理念远远超出或落后于现有的金融规制。在这两种情况下金融衍生工具和金融资源都会出现暂时性闲置或“无形损耗”，对于金融资源稀缺性的国家来说可能造成金融混乱和纸币贬值。基于此，在中国生态现代化战略背景下，休闲体育产业应该积极贯彻国家和政府的积极性金融政策，尽量规避消极性金融政策的“生态负效应”，要主动引导休闲体育企业开展创新性的融资模式，如众筹融资模式、区块链融资模式等。对于中小休闲体育企业

来说更要加大民间融资的关注力度，要在金融征信无不良记录的前提下，大胆创造全新的“物质化货币融资模式”和“虚拟信用融资模式”，在较为宽松的政策环境下为个人提供“无抵押担保式”信用贷款，要规定无租金式贷款的缓迟时间约定，唯其如此才能盘活存量银行储蓄资源，休闲体育产业才能获得更大规模的融资和更加广阔的发展空间。

3. 积极制定休闲体育产业法律规则，指引休闲体育产业发展的正确方向

“不以规矩无以成方圆”，在国家大力提倡“依法治国”的大背景下，各级政府部门要在不违背国家大政方针的前提下，制定适合地方的金融规章和金融政策，具体应该注重以下几个方面的立法。一是加强电子金融立法。要把互联网交易纳入到《电子金融法》中加以约束。二是要加快制定《数据法》，借此来约束数据的复制和粘贴行为。如果金融数据没有可靠的后台保障，那么金融安全将形同虚设。基于此，各级政府部门应该尽快制定数据使用和交易的法律法规来约束网络爱好者的金融数据使用行为。这样休闲体育产业融资机制才能逐步健全，休闲体育产业的融资水平才能得到逐步提高。三是要加快制定《信息共享法》，借此来约束信息浏览者的信息共享行为。共享是市场经济资源互通有无的必然，没有顺畅的共享环境就没有金融科技的创新和发展。在国家大力提倡创新驱动的大背景下，各级政府部门应该研究《信息共享法》制定的相关要件，积极推动金融信息资源的优化和共享，为休闲体育产业融资水平的提升创造条件。

6.1.2 管理方面

在国家大力提倡治理能力现代化和新公共治理理念的背景下，积极推动休闲体育产业资金的募集和管理，避免国有资产的流失；加大休闲体育产业金融人才的引进和管理对于休闲体育企业的发展至关重要。具体应做好以下几个方面的工作。

1. 要加大休闲体育产业金融人才的引进和管理

人才是这个世界最为丰富的资源，休闲体育产业应该注意完成以下两个方面的任务。一是要不拘一格降人才。根据人才引进的黄金定律，刚刚引进人才的前三年是人力资源效益最高的时间段，以后人才的创新能力会随着体力和精力的损耗而逐步衰减，到 10 年以后该人才的效能将衰减殆尽。因此休闲体育企业要把握金融人才引进的时机，要为新进人才提供尽可能好的住房条件和薪资条件，不要在刚刚引进人才的时候就大谈任职业务条件和辞职解聘要求，这种急功近利式的人才引进逻辑是极为危险的“人才专制”行为，必须尽量克服，

否则所谓的人才引进将沦为“资源寻租”的借口和手段，而真正的人才将被永远屏蔽在外。二是要最大化发挥金融人才的创造力。比如，有些休闲体育企业以“不结婚”为理由随意拒绝某些有着极大发展潜力的金融科技人才，显然这种不当的人才引进理念是有悖当今网络技术飞速发展的时代背景的。基于此，休闲体育企业应该放心大胆地使用金融科技人才，要为金融科技人才作用的发挥创造最为宽容的政策环境和法治环境，否则人才的流失将不可避免，体育复兴的伟大目标将充满挑战。

2. 要加大休闲体育产业金融资金的运作和管理

要想管理好休闲体育产业的资金必须做到以下几点。一是要建立企业专属银行。这种银行的主要作用不是存贷款业务，而是保证所有企业发展资金的安全性和效率性。二是要建立金融监督机制，保证休闲体育企业流动资金拨付的“无缝对接”。休闲体育产业流动资金是指企业生产所需要的原材料预付成本、企业染料消耗购买资金、企业小型设备购置资金、企业水资源购买资金、企业电力消耗资金、企业维修资金、企业人力资源工资支出、企业不可预知灾难救济资金、企业职工养老资金、企业医保资金等。这些资金都是休闲体育企业正常运转所必须的前期资金投入，构成阶段性流动成本。对于初始创业的休闲体育企业来说，这些流动资金的合理使用始终是企业金融管理的难点，因为财务人员的金融素质、企业注册会计师的道德素质、企业中层管理人员的金融修养、企业各种外部竞争压力都会影响流动资金的“无缝对接”，所以对于试图做大、做强的休闲体育企业来说，必须在各个环节设立“流动金融警察”和“网络自由人”，来监督休闲体育产业流动资金的合理使用，否则资金的流失将成为习惯，企业的发展将步履维艰。三是建立生态循环金融机制，保证休闲体育产业固定资产折旧的合理性。要最大限度地减缓休闲体育企业固定资产的折旧速度，因为对于休闲体育企业来说固定资产的折旧本身就是企业利润的重要组成部分，如果固定资产在较短的时间内实现了完全折旧，那么企业成本就会逐渐攀升，显然这对于休闲体育企业循环经济的发展极为不利，所以不论采用什么技术也不论使用何种手段，减缓固定资本折旧速度都应该成为休闲体育产业融资水平提升的重要环节。

6.2 企业方面

6.2.1 要减少企业融资纠纷数量，将影响休闲体育产业融资水平的因素消灭在萌芽状态

根据实证分析，我们发现影响休闲体育产业融资水平的因素是多种多样的，单独消除一个因素或者某几个因素很难改变现有休闲体育产业融资现状。在激烈的市场竞争中要不断提升休闲体育企业的融资质量和融资速度，必须做好以下两点。

1. 坚持企业融资的法理约束，尽量通过协商式民主降低融资纠纷案件发生量

“协商式民主”，是指通过参与各方协商路径解决休闲体育产业融资纠纷问题的全新法理模式。“协商式民主”提倡出资方和受资方身份和地位的平等、注重纠纷问题解决的“退步”和“妥协”、推崇资金使用的高效和便捷，已经成为当今世界解决多参与主体性纠纷的首选模式。基于此，各休闲体育企业应该在不违背法律约束的前提下，积极协商解决融资过程中的法理纠纷问题。比如，因为前期资金拨付的时间差而引起的利润下降问题就可以采用后续递补的方式平衡产业利润，而不通过法律途径直接提起诉讼。之所以不直接提起诉讼是因为尽管法律规范是保护融资参与方权利的重要手段，但是一旦提起诉讼，出资方和受资方就会站在对立的层面进行准强制性的博弈，这样一来休闲体育企业就失去了业已建立的持久性关系资源。

2. 坚持包容性融资理念，降低非法集资案件发生率

张丞润说过：“1995—2010 年中国之所以在国际体育舞台上取得了巨大的成绩是与中国传统文化中的和合美德分不开的，可以这样说，乒乓精神和女排精神本质上就是一种博大精深的包容精神，是一种积极进取的奉献精神、一种勇往直前的心灵爆发、一种继往开来的创新理念、一种不屈不挠的博弈形态。”① 我们发现休闲体育事业的发展更是需要无所不在的包容精神，具体到产业融资方面就是要以积极进取的姿态降低各种非制度化融资现象的发生频率，尤其是要注意各种非法集资案件的发生。

① 刘晓明 . 中国体育产业投融资机制改革研究 [D]. 上海：华东师范大学，2012.

6.2.2　要提高融资纠纷结案率，认真研究阻碍休闲体育产业融资水平的因素

对于已经发生的融资纠纷案件，要本着求同存异的原理尽快协商解决，尽量减少法律诉讼对休闲体育产业融资的生态负效应。具体应该做到以下两点。

1. 要对融资纠纷案件进行结构性审查，做到“有错必改，无错加勉”

结构性审查，是对休闲体育产业的生产性融资规模和消费性融资规模之间、短期融资额度和长期融资额度之间、宏观融资规划和微观融资规划之间、融资流通质量和融资流通数量之间、内源性融资和外源性融资之间、理财性融资和半结构性融资之间、赠予性融资和回扣性融资之间的数量比例和融资水平进行审慎监管和精准审查的过程和结果的统称。传统的休闲体育产业融资纠纷大多发生在参与主体面对面的讨价还价过程中，而互联网时代休闲体育企业融资纠纷大多发生在上述元素之间结构性的冲突中。这种冲突不是采用极为激进的方式进行，而是在极为隐蔽的环境中慢慢滋生的，所以难以被出资方和受资方直接观察到。基于此，各休闲体育企业应该加大对休闲体育产业融资纠纷案件的审查力度，要监督企业自身结构性的矛盾和痛点，由助理会计师对企业经常性资金流进行实时监控，及时发现财务管理上和记账模式上的缺陷和不足，真正做到“有错必改，无错加勉”，将引发融资纠纷的各种隐患及时消除。

2. 要以最小的成本了结融资纠纷案件，避免拖泥带水

在法律经济学意义上那些需要付出较高诉讼成本的案件被称为“牛皮案件”，也就是说，即便是诉讼结果达到预期目的，其间所付出的精神性成本和物质性投入都是极为高昂的，这样一来，一场官司可能导致整个企业资金链的断裂并引发不可预知的“裁员风波”和“企业倒闭”。对于中小休闲体育企业来说，融资官司不仅会消耗企业元气，而且会伤害企业职工从事休闲体育产品生产的积极性和主动性，对于正在起步中的休闲体育企业来说无疑是一场灾难。因此，各休闲体育企业要以最小的成本了结融资纠纷案件，避免拖泥带水。只有这样，休闲体育企业才能在日益激烈的市场竞争中占有一席之地，闯出一片属于自己的天空。

6.3　中介机构方面

从系统论和协同变迁论的角度看，任何休闲体育企业产品的生产、流通、

配货、仓储和分发都不是孤立的经济事件。休闲体育产业产品的销售直接关系到普通消费者的购买欲望和心理满足感，而且所有休闲体育产品的生产和消费都与整个国民经济的结构调整和平均利润密切相关。从资本演化学和成本控制学的角度看，各种银行和非银行金融机构、保险公司的组织体系、城乡信用合作机构、体育中介机构、社会中介组织均对休闲体育产业融资水平产生影响。

6.3.1 银行方面

根据货币银行学的定义，“银行”是指主持货币发行、流通、管理、存贷款业务、国债发行、关联业务、股票交易和货币监督的国有商业性组织。近年来，随着市场经济的纵深拓展，各种具备自主盈亏能力的投资者先后成立了招商银行、华夏银行、民生银行、民生发展银行、汇丰银行、地方商业银行等民办性质的银行机构，这些银行机构的管理模式和银行准备金拆借模式与国有银行极为相似，但是在资金活性和管理弹性方面却更强。比如，随着区块链技术的演化很多商业银行开启了“弹性信贷新模式”和“无实体抵押物权属贷款模式”，而国有银行则没有意识到民办银行这些举动的意义，结果导致了四大国有银行柜台业务的大幅度减少、人民币日常业务量的收缩、存贷利差衡平机制的弱化、银行规范性利润的减少等问题。根据目前银行在各休闲体育企业之间的中介作用，我们可以发现，要想提高休闲体育产业的整体融资水平，必须重点做好以下几个方面的工作。

1. 大力开展休闲体育企业供应链融资模式，推动银企关系的良性发展

“供应链融资模式”，是指以核心企业为依托、以边缘企业为主体、以银行经营网点为基地开展的资金出借、资金流动、资金回笼、资金外溢为特征的可持续性融资新模式。在供应链融资模式下，国有大型休闲体育企业和中小休闲体育企业之间逐步形成了不可分割的生态金融圈。与此相适应，银行方面要积极开发电子支付的金融衍生产品，如以关联企业预付款为抵押物权的融资模式、以中长期库存为实体抵押物权的融资模式、以应收账款为抵押物权的融资模式、以企业战略关系资源为信托标的的融资模式等。银行业监管部门一方面要建立常态的金融监管机制，监督银行资金拨付的连续性和不间断性；另一方面要建立相应的诚信奖励机制和失约惩罚机制，对于违背融资信用的企业和个人进行适当的罚款惩罚和准入性惩罚。只有这样，银行、大型休闲体育企业、中小休闲体育企业、核心企业才能相互制约、相互促进，共同推动休闲体育产业融资能力的提高。

2. 大力发展电子休闲体育软件，推动休闲体育产业融资水平的提升

根据淘宝网、天猫网、拼多多的统计数据，结合移动互联网联盟 2013—2020 年的一项专题调查显示，71.21% 的中国人愿意佩戴休闲体育监控手表并使用相关软件，59.09% 的中国人愿意通过电子器件来督促自己的休闲体育运动[①]。根据微淘网公布的数据，2010—2020 年我国电子计步器销量已经突破了 2000 万台，与此同时，自行车骑行设备、野营设备、户外锻炼设备、长跑设备、家庭健身器材跑步机、拉伸设备和其他休闲体育设备的销量也呈现出持续增长的势态，尤其是在 2020 年 2 月至 6 月的几个月，家庭休闲设备的销量创造了历史性的突破，总销售额达到 10 021.89 亿元，是以前的 25.04 倍[②]。这充分说明"休闲体育文化"已经深入到全体国民的心灵深处，成为普通民众的主要身体锻炼方式。特别是能够准确测量人体体温、血压、脉搏、心率、运动时间、运动频率、持续过程、消耗热量和运动模式的互联网蓝牙计步器，不仅被广泛应用于安卓手机和苹果手机，而且还广泛应用于居家锻炼跑步设备之中。应该说，通过手机显示屏监测到的直观运动绩效和运动量表对于我国公民身体素质的提高意义重大。基于此，各国有大中型银行必须加大对互联网体育、大数据体育、区块链体育和虚拟体育运动的研究，要把体育运动休闲化、休闲运动体育化、休闲体育运动化，要尽快开发具有自主知识产权的移动血糖测量设备、移动人体大数据设备、移动牙医技术、移动治疗技术等，使任何一个个体都可以在瞬间获取关于自身身体素质的全部数据，并根据海量数据寻找到最佳治疗手段。这样不仅可以解决看病贵、看病难和不愿意看病的问题，而且可以节省大量的时间成本。可以想象，在移动互联网的支撑下各种医院将会大幅度缩减经费支出、减少投资规模、精简医护人员，移动医院将会成为我国医疗卫生体制改革的"新生力量"[③]。在此背景下，休闲体育产业将会迎来大好的发展机会，休闲体育融资水平将会得到大幅度提升。

---

① ANDERSON I,MAITLAND J,SHERWOOD S,et al.Shakra: tracking and sharing daily activity levels with unaugmented mobile phones[J].Mobile Networks and Applications, 2020,12(23):185-199.

② 董德福 . 为移动互联网注入运动健康新基因 [EB/OL].www.265g.com/news/game news/423933.html.

③ KIRWAN M,DUNCAN M J, VANDELANOTTE C,et al.Using smart phone technology to monitor physical activity in the 10 000 Steps Program: a matched case-control trial[J]. Journal of Medical Internet Research,2020,14(2):55.

3. 大力发展太空休闲体育设备，加大太空休闲体育运动的金融支持

各大银行一定要看清网络技术和数据存储技术对航空航天技术的“蝴蝶效应”，要大力宣传太空休闲体育运动的可信之处和革命可能性。比如，要大力发展无人机产业融资；要加大发展载人飞行器工程，相关银行部门要加大对民间飞行器工程的风险投资。根据国际飞行协会的估算，2030—2050 年国际上单体载人飞行器项目将获得 2 500 万亿美元的市场份额，这个数字可以媲美 2020 年全世界整体的 GDP[①]。在太空飞行器的研究中，不要因噎废食，只看中眼前的小利益，要着手制订 2020—2040 太空休闲体育运动计划，大力发展太空旅游和太空漫步技术，大幅度提升休闲体育产业融资质量和融资规模。

4. 银行要大力支持体育赞助事业和彩票事业的发展，以此推动休闲体育产业融资水平的提升

“体育赞助”是企业对体育事业加以资金支持和风险投资的过程和行为。从风控原理上看，高科技企业超额利润再分配的主要渠道必然是“体育赞助”。当体育赞助成为一种时尚的时候，就是休闲体育产业获得大发展的最佳契机，基于此，各大银行应该大力支持体育赞助行为，要让各种俱乐部体制、各类间接赞助商成为指引休闲体育事业发展的中坚力量，大幅提升休闲体育产业融资规模。对于体育彩票事业的发展来说，一方面银行要充分认识到彩票买卖的“博弈本质”，也就是说散客参与彩票买卖的根本目的仍然是获得投机利润；另一方面要充分认识到体育彩票业的发展对于集聚社会闲置资金、集中力量办大事具有极为重要的意义，对体育彩票业必须加以金融支持和融资优惠。

6.3.2 保险公司方面

据 2002 年统计，在支持休闲体育产业发展的全部资金中，有 11.26% 的资金来自保险业投资，如太平洋保险、人寿保险、大地保险、中银保险等[②]。大规模的保险业资金之所以投向了休闲体育产业，是因为该产业的发展已经突破了单纯企业发展的范畴，上升到国家产业均衡和产业战略的高度。因此，各大保险公司应该继续加大对休闲体育产业的支持力度，要以“为人民保险、保险为人民”的精神推动休闲体育产业融资水平的提升。具体应做到以下两点。

① INTILLE S S,LESTER J,SALLIS J F,et al.New horizons in SPns development[J].Medicine and Science in Exercise,2012,44(1):24.

② RAJAN R, SERVAES H, ZINGALES L. The cost of diversity: the diversification discount and inefficient investment[J].Journal of Finance, 2002, 55(1):35-80.

1. 要大力开展特许权融资（BOT 融资），为保险公司支持休闲体育产业发展铺平道路

BOT 融资，是指国家或地方政府部门通过特许权协议，授予签约方的外商投资企业承担休闲体育产业公共性基础设施项目的融资、建造和维护的过程和结果。要放宽社会资本进入休闲体育产业的“门槛”，不要为休闲体育企业设置过高的融资基础条件，要让中小保险投资者充分认识到开展休闲体育产业融资是符合国家和政府长远战略规划的行为，要给予外商投资者以更大的税收优惠和利润优惠，要让外商内心充分感受到市场经济的强大生命力和远大发展前途，不要过多干预外商进行休闲体育产业投资的信心和决心，更不能对所有企业直接派遣监督部门，否则特许权融资将形同虚设，休闲体育产业的发展将举步维艰。

2. 要根据区域经济生态开展保险理赔业务，把有限的保险资金用于休闲体育产业的发展

“区域经济生态”，是指区域宏观经济环境、区域金融生态、区域科教环境的辩证统一过程和结果。客观来讲，保险业的主营利润不是靠自然人投资促成的，而是靠股票市场交割、基金市场上市、期指市场赢利、配股市场寻租、债券市场交易、外汇市场买卖来实现的。在保险业与银行业密切结合、不可分割的历史境遇下，发展休闲体育产业必须将有限的保险财产投入到无限的休闲运动中去，这样休闲体育企业才能获得最好的发展机会。根据随机线性模型的原理，计量保险业对休闲体育产业融资的影响一般采用三层配置模型：

第一层：$FINANCE_{ij} = \omega_{oj} + \upsilon_{ij}$

第二层：$FINANCE_{ij} = \upsilon_{00} + \upsilon_{01}HGJJ_j + \upsilon_{02}JRFZ_j + \upsilon_{03}KJHJ_j + \psi_{0j} + \delta_{ij}$

$$\omega_{oj} = \upsilon_{00} + \upsilon_{01}HGJJ + \upsilon_{02}JRFZ + \upsilon_{03}KJHJ + \psi_{0j}$$

其中，$HGJJ$、$JRFZ$、$KJHJ$分别表示宏观经济环境变量、金融发展变量和科教环境变量。当然第二层仍然存在变量遗漏的情况，如关于科技金融变量就不在该模型考虑的范围之内，这不能不说是一种欠缺。

第三层：$FINANCE_{ij} = \upsilon_{00} + \upsilon_{01}IIGJJ_j + \upsilon_{02}JRFZ_j + \upsilon_{03}KJHJ_j + \psi_{0j} + \delta_{ij}$

其中，ψ_{0j}和δ_{ij}为两个随机效应。两个随机误差的削减比例为：

$$方差削减比例 = \frac{\hat{\otimes}_{00}(零模型) - \hat{\otimes}_{00}(随机截距模型)}{\hat{\otimes}_{00}(零模型)}$$

6.3.3 信用合作机构方面

作为一种信用相对松散的金融部门，信用合作社在农村金融发展和城市金融变迁的作用正在逐步加强。尽管我国从1999年以来将所有的农村信用合作社和城市信用合作社改组为农村信用合作银行和城市信用合作银行，并且成立了城乡信用合租联社等监督管理机构，但是合作银行的内在运作体系与传统的国有银行和地方性银行有很大不同，主要表现在存贷利差的计算、贷款抵押物审核机制、存款准备金额度调整和签字盖章等方面。在支持休闲体育产业的融资方面，信用合作机构的作用也是非常明显的。

1. 要加大农村休闲体育产业的发展，为农村休闲体育产业融资能力的提升创造条件

农村是城市得以发展的生命力来源，之所以说城市化和工业化的“根”在农村，就是因为城市生活所需要的物质条件来自农村。尽管休闲体育产品销量的80%流向了城市，但是加大农村基础设施投资始终是国家促进经济均衡战略的重要举措。也就是说，农村信用合作社必须加大对农村休闲体育事业的支持力度，要制定倾斜性的农村贷款政策，将有限的货币资源运用到蓬勃发展的农村实践中去。要大力购买农村社区休闲体育设备，建设现代化的休闲体育庄园，促进休闲体育产业民族化和地方化。这样，我国休闲体育产业融资水平才能获得长足进展。

2. 要大力提升中间阶层参与休闲体育运动的积极性，为休闲体育产业融资创造良好的社会基础

“休闲体育中间阶层”，是指介于高收入阶层和低收入阶层之间的中等收入群体。根据《国务院关于加快发展体育产业促进体育消费的若干意见》（2017年46号文）中的解释和定义，中等收入阶层已经成为休闲体育消费的中坚力量，主要包括医生、教师、律师和中小企业主等。安东尼·吉登斯在《社会学》一书中明确指出：“社会阶层划分具有橄榄型的特点，而中等收入阶层的占比是非常大的；包括教师、律师、会计师、政府职员与其他具有文化素质的群体是社会稳定的重要力量。”①Parker也指出：“人类慢慢地进入了一个具备全新的闲余道德观的全新闲余时期，而中等收入阶层是休闲体育产品的主

① 钟玮，仇军．举办2008年奥运会对北京市不同社会阶层的影响研究[J]．体育科学，2007(1):14-23+40.

要消费群体。”[①]奇克森更是指出：“休闲可以提供实现自我、拥有崇高的精神观念、得到畅爽的内心体验而创建相应的机会。”[②]促进休闲体育产业融资水平的提升必须不断加大中等收入阶层的政策支持力度和贷款优惠力度，要尽快打造众多的特色休闲小镇，如广西丽江休闲娱乐城、安东休闲体育小镇、沙岭子休闲体育小镇、汤头休闲体育小镇、湖州台州休闲体育小镇等，以此推动休闲体育产业融资质量和融资规模的提高。

6.3.4 各种体育协会方面

截止到2020年年底，我国共有各级各类体育协会320多家，包括中华体育总会、中国老年人体育协会、中国体育书法协会、中国绘画体育协会、中国农民体育协会、中国军事体育协会、中国少数民族体育协会、中国外事体育协会、中国高校体育协会、中国职业院校体育协会、中国残疾人体育协会、中国儿童体育协会、中国妇女体育协会等。这些体育协会对于中华体育事业的发展做出了巨大贡献，成为推动休闲体育产业融资水平的重要力量。具体来讲，促进休闲体育产业融资规模和融资质量的提高必须做到以下三点。

1.要大力发展民族休闲体育运动，为休闲体育产业融资奠定实践基础

我国少数民族的休闲体育运动多种多样。比如，内蒙古自治区跑马俱乐部组织的那达慕大会就吸引了成千上万的全国各地群众争相参与，进而带动了草原体育运动事业的发展；新疆维吾尔自治区的饮食文化大会也吸引了全国各地爱好者前去参观旅游；广西壮族自治区的葫芦丝大会、黎族舞蹈大会、苗族泼水节大会、山歌大会等吸引了无数游客前去参观。对于体育协会来说，大力促进休闲体育运动就是促进休闲体育产业融资力度的最佳手段。

2.要以“天使投资”为依托促进休闲运动的发展，为休闲体育产业融资水平的提升奠定坚实的社会基础

近年来，山地运动逐渐发展为一种重要的体育运动形式，如喜马拉雅山登山运动、梅里雪山登山运动、玉龙雪山登山运动、贵州喀斯特地貌区山地自行车运动和洞穴探险、山地越野、野外生存、攀岩运动、野外徒步、野外露营、野外跳水等。这些体育运动形式都在一定程度上促进了休闲体育运动事业的发展，从而为休闲体育企业融资规模的提高奠定了舆论和价值基础。所谓“天使

① MURRAY P.Reflections on public funding for professional sports facilities[J].Journal of Philosophy of Sport, 2009, (3):22-39.

② 司丽艳.从社会消费视域看体育休闲消费的显性特征[J].宿州学院学报，2014,29(8):95-96.

投资”，是指具有一定资本金的个人或家庭对于所选择的具有巨大发展潜力的初创企业进行早期的、直接的权益资本投资的一种民间投资方式[①]。天使投资不是无条件的投资，而是这类投资者本身特别喜欢休闲体育运动，因此愿意将自己积累的财富以“融资”的形式回馈到休闲体育运动事业中去，如投资马拉松比赛、篮球比赛、乒乓球比赛、越野拉力赛、锦标赛等。当然，“天使投资人”并不是不计回报的“天使”，而是追逐利润的投资人，他们进行投资的根本目的仍然是获得各种体育赛事门票收入、广告植入性收入、转播权限收入和其他赞助性收入，尽管他们愿意同运动员一起分享人生阅历、创业经验、管理经验和人际关系，但是天使投资“种子期”的高风险和高收益始终是投资者考量的重要问题。基于此，各类体育运动协会要大力支持各种休闲体育运动事业的发展，为休闲体育产业融资做出贡献。

3.大力发展房车运动，为休闲体育产业融资事业的发展创造广泛的文化生态条件。

近年来，房车运动已经成为我国民众喜爱的休闲体育运动方式。尽管绝大多数人并不具备房车运动的基本条件，但是此种运动应该是“大有可期”。其原因有二：一是大城市遍布各地的高楼大厦、拥挤的交通、高昂的房价已经把人的生理条件挤压到了极限，人们更愿意在大自然中沐浴微风和阳光；二是城市人际关系复杂导致大多数人希望回归到自然、回归到田野。总体来看，推动房车旅游、大力宣传房车文化，促进我国房车事业的发展必需做到如下两点：一是为房车挂牌提供方便，二是加快建设房车补给基地。这样，休闲体育运动才能获得较大的发展空间，休闲体育产业融资水平才能获得大幅度提升。

---

① 刘曼红．天使投资与民间资本[M]．北京：机械工业出版社，2003.

参考文献

一、中文文献

[1] 霍根，拉文森 A, 拉文森 L H. 自然资本论：关于下一次工业革命 [M]. 王乃粒，诸大建，龚义台，译 . 上海：上海科学普及出版社，2000.
[2] 钱荣，顾玲 . 国家决定建设“环青海湖民族体育圈”[N]. 中国体育报，2004-1-29(4).
[3] 李雄刚 . 西部旅游产业开发 [M]. 广州：广州经济出版社，2003.
[4] 任保国，赵文胜，李建臣 . 我国体育产业资本市场投融资发展现状与政策研究 [J]. 体育与科学，2006(1): 72–76.
[5] 张华 . 我国体育产业投资体制及其在体育经济发展中的作用 [J]. 体育学刊，2007(1): 27.
[6] 李建臣，任保国 . 我国体育产业资本市场投融资研究 [J]. 北京体育大学学报，2007(11): 1470–1472.
[7] 廖辉 . 美国多层次体育产业资本市场体系构建经验及其对我国的借鉴 [J]. 山东体育学院学报，2011(07): 16–21.
[8] 王莉 . 我国体育产业资本扩张的动力机制研究 [J]. 武汉体育学院学报，2013(05): 49–52.
[9] 郁昌店，张林，杨茜萍 . 政府公共投资扶持体育产业发展的形式及优化建议 [J]. 北京体育大学学报，2014(01): 46–51.
[10] 黄海燕 . 体育赛事综合影响的事前评估研究 [D]. 上海：上海体育学院，2009.
[11] 安俊英，黄海燕 . 基于模糊层次分析法的大型体育赛事风险评估研究 [J]. 上海体育学院学报，2011(04): 32–35.
[12] 安俊英，黄海燕，陶倩 . 体育赛事对举办城市环境影响评估研究 [J]. 成都体育学院学报，2013(02): 31–35.
[13] 刘连发 . 大型体育赛事对城市发展影响的指标体系构建 [J]. 体育文化导刊，2015(05): 25–29.

[14] 许治，师萍 . 基于 DEA 方法的我国科技投入相对效率评价 [J]. 科学学研究，2009(01): 481–484.

[15] 陈诗一，张军 . 中国地方政府财政支出效率研究：1978—2005[J]. 中国社会科学，2008(04): 65–78+206.

[16] 李永友 . 中国地方财政资金配置效率核算与分析 [J]. 经济学家，2010(06): 95–102.

[17] 邵伟钮 . 基于 DEA 模型的群众体育财政投入绩效分析 [J]. 体育科学，2014(34): 11–16+22.

[18] 姜向阳，刘导波，陈海波 . 基于管理熵评价的中国零售上市公司财务绩效实证研究 [J]. 财经论丛，2010(6): 62–68.

[19] 胡日东，李颖 . 我国房地产业发展的综合评价——基于动态因子分析法 [J]. 经济地理，2011,31(11):1862–1866+1873.

[20] 归波 . 基于 DEA 与因子分析法的上市银行竞争力研究 [D]. 济南：山东大学，2012.

[21] 王福伟 . 基于 DEA 和因子分析法的大连市主导产业选择与分析 [D]. 大连：东北财经大学，2012.

[22] 汪晓琳，胡安义 . 体育文化产业竞争力区域差异的实证研究 [J]. 武汉体育学院学报，2013, 47(1): 49–57.

[23] 谭宏，曹国华，陆宇嘉 . 我国体育产业上市公司经营效率评价——基于因子分析和数据包络分析模型 [J]. 上海体育学院学报，2013, 37(5): 18–22.

[24] 王旗红，汤长胜，庄胡蝶 . 基于灰色关联度的中小企业融资方式分析 [J]. 中小企业管理与科技（下旬刊），2013(12): 37–38.

[25] 杨克磊，和美 . 采用层次分析法的员工绩效评价研究 [J]. 重庆理工大学学报（自然科学），2015, 29(10): 143–146.

[26] 唐文忠 . 基于层次分析法的商业银行绩效评价研究 [J]. 重庆理工大学学报（自然科学），2016, 30(11): 167–176+184.

[27] 马红玲，毛苏林，杨升平 . 区域体育产业发展分析模型及其应用 [J]. 体育文化导刊，2018(33): 134–138+143.

[28] 郭飘，杨涛 . 我国民族民间体育赛事对旅游目的地影响指标体系的建构 [J]. 西安体育学院学报，2016, 33(6): 680–689+705.

[29] 陈很荣，范晓虎，吴冲锋 . 西方现代企业融资理论述评 [J]. 财经问题研究，2000(8): 62–66.

[30] 夏俊荣 . 现代资本结构理论的发展研究及启示 [J]. 财经问题研究，2001(2): 10–14.

[31] 王守恒，叶庆晖．体育赛事的界定及分类[J]. 首都体育学院学报，2017(2): 1–3+21.
[32] 武淑．中小型体育赛事营销问题的分析及对策研究[D]. 金华：浙江师范大学，2011.
[33] 生奇志，杜琳．品牌学[M]. 北京：清华大学出版社，2011.
[34] 雷选沛，李沙丽．从美国纳斯卡(NASCAR)看体育赛事品牌的运营[J]. 湖北社会科学，2004(06): 57–59.
[35] 科特勒．营销管理——分析、计划、执行和控制[M]. 梅汝和，梅清豪，等，译．上海：上海人民出版社，2019.
[36] 保罗·斯图伯特．品牌的力量[M]. 北京：中信出版社，2000.
[37] 余涛，赵瑞国．单项品牌体育赛事运作研究[J]. 运动，2009(2): 149–151.
[38] 陈乐绿．上海品牌体育赛事发展现状及对策研究[D]. 上海：上海体育学院，2010.
[39] 孙林，马忠利，陈广．中外体育舞蹈品牌赛事发展比较研究[J]. 体育文化导刊，2013(2): 37–40.
[40] 李扬，王国刚，刘煜辉．中国城市金融生态环境评价[M]. 北京：人民出版社，2005.
[41] 中国人民银行张家界中心支行课题组．金融生态的层次结构与金融资源均衡配置：张家界个案分析[J]. 金融研究，2005(11): 156–163.
[42] 魏志华，王贞洁，吴育辉，等．金融生态环境、审计意见与债务融资成本[J]. 审计研究，2012(3): 98–105.
[43] 方先明．金融生态建设中的地方政府行为[J]. 中国行政管理，2013(8): 84–88.
[44] 张敏，谢露，马黎珺．金融生态环境与商业银行的盈余质量[J]. 金融研究，2015(5): 117–131.
[45] 逯进，朱顺杰．金融生态、经济增长与区域发展差异——基于中国省域数据的耦合实证分析[J]. 管理评论，2015, 27(11): 44–56.
[46] 姜同仁，张林．英国体育产业发展方式及经验借鉴[J]. 西安体育学院学报，2016, 33(2): 129–135.
[47] 吴锋．国外体育产业发展经验对我国的启示[J]. 佛山科学技术学院学报，2017, 35(5):93–96.
[48] 姜同仁，刘娜．德国体育产业发展方式解析与启示[J]. 西安体育学院学报，2015, 32(2): 129–134.

[49] 刘波 . 德国体育俱乐部体制与群众体育关系的研究 [J]. 体育与科学 2009(1): 64–68.

[50] 张珍珍 . 中国体育产业投资价值分析——以贵人鸟公司为例 [D]. 青岛 : 青岛大学 , 2017.

[51] 许秋红 . 美国体育发展的特点及启示 [J]. 体育与科学 , 2012(6): 67–72.

[52] 郑永芳 . 中国体育产业在国民经济中的地位研究 [D]. 武汉 : 武汉体育学院 , 2014.

[53] 韩勇 . 我国体育俱乐部研究状况综述 . 天津体育学院学报 [J].2000(15): 29–33.

[54] 迟泰棱 . 对我国体育俱乐部现状、发展对策及模式的研究 [M]// 国家体育总局政策法规司 . 体育软科学研究成果汇编 (1995—1996). 北京 : 统计出版社 , 1998.

[55] 周进强 , 迟泰棱 , 隋平 , 等 . 关于我国体育俱乐部管理制度的研究 [M]// 国家体育总局政策法规司 . 体育软科学研究成果汇编 (1999—2000). 北京 : 统计出版社 , 2000.

[56] 孙衡 . 对国外体育产业风险投资支持政策的研究 [J]. 山东体育学院学报 ,2011(5): 13–17.

[57] 屈耕云 . 对风险投资的一点认识 [J]. 现代经济 ,2007(6): 112–113.

[58] 张晓华 , 张策 . 简论风险投资 [J]. 辽宁省交通高等专科学校学报 , 2000(12): 24.

[59] 兰梦妮 . 风险投资简介与风险投资在我国的发展 [J]. 消费导刊 , 2009(5): 76.

[60] 李长智 , 关键 . 风险投资的风险评估方法研究 [J]. 财经问题研究 , 2002(11): 42–44.

[61] TRIESCHMAUU J S ,HOYT R E, SOMMER D W. 风险管理和保险 [M]. 北京 : 北京大学出版社 , 2006.

[62] 张晓民 . 企业集团现金流管理研究 [J]. 中国集体经济 , 2018(29): 113–114.

[63] 朱海 , 黄剑锋 , 周冰洁 , 等 . 关于体育创业与投资我们有几点不成熟的小建议 [EB/OL].[2017–10–09]http://www.sports.com/2017–10–19.

[64] FutureDay 系列论坛 . 关于体育培训的苦和泪 , 北京的从业者给出了这 15 条建议 [EB/OL].2018–06–02. http://mp.weixiu.qq.com/s/SbwzTti88UQWxiMSysudSQ.

[65] 刘波 . 德国体育俱乐部体制与群众体育关系的研究 [J]. 体育与科学 , 2009, 30(1):64–68.

[66] 吴庆田 , 陈伟 . 农村金融生态环境与金融效率指标体系构建及互动分析 [J]. 财务与金融 , 2010, 128(6): 1–6.

[67] 毛泓，金道政．安徽省城市金融生态环境的研究 [J]. 安徽工业大学学报，2007(6): 65–70.

[68] 李宗倩，高齐圣．山东省市域金融生态的测算与评价 [J]. 青岛大学学报，2015,28(1): 104–107.

[69] 何剑．金融生态环境质量评价与分析——以新疆为例 [J]. 生态经济，2010, 229(9): 47–49.

[70] 欧阳胜银．货币政策视角下的金融状况指数体系构建研究 [D]. 长沙：湖南大学，2015.

[71] 胡滨．区域金融生态环境评价方法与实证研究 [J]. 经济管理，2009(6): 16–22.

[72] 中国人民银行洛阳市中心支行课题组．区域金融生态环境评价指标体系研究 [J]. 金融研究，2006(1): 167–177.

[73] 邓淇中，李鑫，陈瑞．区域金融生态环境指标体系构建及竞争力评价研究 [J]. 湖南科技大学学报，2012,15(6): 75–80.

[74] 黄国平，刘煜辉．中国金融生态环境评价体系设计与分析 [J]. 系统工程理论与实践，2007(6): 7–14.

[75] 李延凯，韩廷春．金融生态演进作用于实体经济增长的机制分析 [J]. 中国工业经济，2011(2): 26–35.

[76] 程春梅，于鹏飞，刘宇，等．金融生态危机传导机理的实证分析 [J]. 科研管理，2016(4): 495–501.

[77] 李正辉，万晓飞．金融生态国际竞争力促进经济增长的实证分析 [J]. 金融研究，2008(4): 199–206.

[78] 王东明，黄飞鸣．基于金融生态环境主体异质性对货币政策区域效应的分析 [J]. 经济评论，2013(3): 89–97.

[79] 李延凯，韩廷春．金融发展、金融生态环境演化与中国工业行业增长 [J]. 公共管理评论，2013(9): 80–94.

[80] 刘远祥，于军，史亚丽，张昌言．中国与发达国家体育产业资本投资现状研究 [J]. 山东体育学院学报，2005.21(6): 16–19+22.

[81] 李继海，谢林海，任保国．关于风险投资、体育产业风险投资与我国学校体育产业发展问题的思考 [J]. 体育与科学，2004(2): 25.

[82] 唐珂．国外农业物联网技术发展及对我国的启示 [J]. 黑龙江粮食，2017(12): 46–47.

[83] 李奇峰，李瑾，马景，等．我国农业物联网应用情况、存在问题及发展思路 [J]. 农业经济，2014(4): 115–116.

[84] 贾平月 . 物联网技术在现代农业中的应用 [J]. 农业技术与装备 , 2013(14): 17–18+20.
[85] 秦怀斌 , 李道亮 , 郭理 , 等 . 农业物联网的发展及关键技术应用进展 [J]. 农机化研究 .2014(4): 246–248+252.
[86] 王杰 : 中小企业融资难的成因及对策分析 [J]. 中国流通经济 .2013(11): 88.
[87] 谢平 , 许国平 . 路径选择 : 金融监管体制改革与央行职能 [M]. 北京 : 中国金融出版社 , 2004.
[88] 史纪良 . 银行监管比较研究 [M]. 北京 : 中国金融出版社 , 2005.
[89] 戴玉红 . 粉饰财务报告的手段及其影响消除 [J]. 现代审计与会计 , 2011(12): 36–37.
[90] 胡燕 . 关于我国上市公司信息披露违规问题的探讨 [J]. 财务与会计 , 2011(10): 33–34.
[91] 黎仁华 . 资本市场中舞弊行为的审计策略 [M]. 北京 : 中国时代经济出版社 , 2006.
[92] 李力 , 欧涉远 , 李霞 . 对农村贫困线及贫困发生率的反思——基于国家统计局和民政部数据 [J]. 宏观经济研究 , 2012(8): 54–61.
[93] 王荣党 . 农村区域性反贫困度量指标体系的设计与实证——以云南为例 [J]. 中国农村经济 , 2006(12): 69–76.
[94] 邵延学 . 我国农村贫困特点、成因及反贫困对策探讨 [J]. 商业经济 , 2014(18): 29–32.
[95] 高艳云 , 马瑜 . 多维贫困测度方法比较及其展望 [J]. 兰州商学院学报 , 2014(8): 108–113.
[96] 姜雪 . 我国农村金融服务水平的度测及其影响因素分析 [D]. 哈尔滨 : 哈尔滨商业大学 , 2015.
[97] 杜伟 . 湖北省农村金融服务水平测度及其影响因素研究 .[D] 武汉 : 华中农业大学 , 2016.
[98] 梁春艳 . 提高农村金融服务水平的路径研究——以河北省为例 [D]. 北京 : 北京交通大学 , 2018.
[99] 黄莹 , 熊学萍 . 金融服务水平测度与经济福利效应研究综述 [J]. 上海金融 , 2013(2): 27–31.
[100] 江振娜 , 谢志忠 . 农村信用社金融服务水平测度及评价——以福建省为例 [J]. 中共福建省委党校学报 , 2015(3): 92–98.
[101] 朱发理 . 提升金融服务水平的分析与思考 [J]. 当代经济 , 2018(2): 131–132.

[102] 张汉平 . 在促进经济发展方式转变中提升金融服务水平 [J]. 中国金融，2009(24): 77–78.

[103] 环境保护部科技标准司 . 环境空气质量指数 (AQI) 技术规定 (试行):HJ633—2012[S]. 北京 : 中国环境科学出版社 , 2012.

[104] 丁俊男 , 王帅 , 赵熠琳 , 等 . 关于环境空气质量评价的一些思考 [J]. 环境监控与预警 , 2012, 4(5): 38–53.

[105] 张建忠 , 孙瑾 , 王冠岚 , 等 . 北京地区空气质量指数时空分布特征及其与气象条件的关系 [J]. 气象与环境科学 , 2014, 37(1): 33–39.

[106] 宁文娟 , 韩占兵 . 西部金融生态水平测评体系的实证研究 [J]. 开发研究，2008(1): 137–140.

二、外文文献

[1] DEMIRGUC–KUNT A, Leora Klapper L. Measuring financial inclusion: the global findex database [R].The Word Bank Development Research Group ,Finance and Private Sector Development Team Working Paper, 2012(6): 25.

[2] DAVID M, MARTIN K, et al. A framework to study nearly optimal solutions of linear programming models developed for agricultural land use exploration[J].Ecological Modeling , 2000 (131):65–77.

[3] PEARCE D,ORTEGACR.Financial Inclusion Strategies Reference[J].Financial Post, 2016(21): 121–122.

[4] Framework[R].http://www.worldbank.org, 2012.

[5] RAHMAN S. Determinants of agricultural land rental market transactions in Bangladesh[J]. Land Use Policy, 2010, 27(3): 957–964.

[6] ROSENBAUM P R, RUBIN D B. The central role of the propensity score in observational studies for causal effects[J].Biometrika, 1983, 70(1): 41–55.

[7] Y CHE. Off farm employments and land rental behavior: evidence from rural China[J]. China Agricultural Economic Review, 2016, 8(1): 37–54.

